KB263300

대금의
기초이론

대금의
기초이론

김영성 지음

■ **저자의 말**

어느 날 우연히 대금 소리를 듣게 되면서 그만 그 소리에 빠져버렸다. 그래서 나도 저렇게 연주해 보겠다는 열망을 가지고 대금을 시작한 지 어느덧 10년이 훌쩍 넘었다. 취미 삼아 틈틈이 연습하다 보니 실력이 쉽게 늘지도 않았다. 지금도 열심히 배우고 있는 대금 학도이다.

대금을 시작하는 분들이 처음부터 잘할 수는 없다. 시간을 두고 열심히 하다 보면 좋은 결과가 있으리라고 본다.

초급자는 좋은 대금 구입에 너무 욕심을 내지 말고 플라스틱 대금으로 음정에 맞는 소리 만들기에 우선 많은 노력을 하여야 한다. 그러기 위해서는 많이 불어보면서 터득할 수밖에 없다. 그러면 자연스럽게 호흡도 길러진다.

본 저서는 그간의 연주 경험을 토대로 정리해 보았다. 다소 부족한 점이 있지만 직접체험을 바탕으로 했기에 나름 도움이 되리라고 본다.

대금 소리와 함께 행복한 삶이 되길 기원하면서 인사를 갈음한다.

2025. 8. 김영성

| 차례 |

■ 저자의 말   005

제1장 들어가며   012

제1절 대금의 정의   013

제2절 대금의 역사   015

제3절 대금의 종류   023

제4절 대금의 구조와 명칭   026

제5절 대금의 제작 과정   028

제6절 대금 관련 용어 해설   033

제7절 대금의 선택   045

제8절 대금의 구입 방법   046

제9절 대금의 교습 방법   049

제10절 대금의 공부 순서   050

제2장 대금의 연주 실제

제1절 대금연주에 임하는 기본자세   054

제2절 소리 내는 법   057

제3절 운지법   059

제4절 정간보 읽기   067

제5절 정간악보 장단음의 시가 표시   068

제6절 악보 표기 장식음 및 부호   070

제7절 장식음과 부호 등에 관하여   090

제8절 연주 기법   091

제9절 대금 공부 방법   093

제10절 연습장소 마련하기   094

제3장 대금 연주 기본 장단

제1절 장구 장단 부호   098

제2절 기본 장단   101

제4장 대금 관리법

제1절 보관법   106

제2절 정기적인 서비스   108

제3절 청 관리   108

제5장 연습곡 모음   114

제1절 동요(6관청)   117

제2절 가곡(6관청)   132

제3절 민요(6관청)   139

제4절 대중가요(6관청)   143

제5절 창작곡(산조대금 6관청)   152

제6장 나가며

제1절 대금을 배우는 마음자세   156

제2절 대금인의 예절   158

제3절 대금연주에 영향을 주는 요인   159

제4절 대금연주를 잘하기 위한 조건   164

제5절 연주곡 고르기   166

제6절 대금산조류의 선택 의견   168

제7절 마무리   169

■ 부록

Ⅰ. 국악기의 분류   174

Ⅱ. 국악곡의 분류   196

■ 참고문헌   199

■ 저자 수상실적   200

■ [詩] 대금   202

제1장

들어가며

제1장 들어가며

　우연히 대금 연주 소리에 반해 대금을 배우고 싶은 욕망을 느꼈다. 호기심에 플라스틱 대금을 구입하고 지방자치단체 사업소에서 운영하는 프로그램에 따라 대금반에 접수하여 2년 동안 배웠다. 하지만 2년 동안 배운 연주 실력은 겨우 동요와 가곡, 가요 등 몇십 곡뿐이었다. 대금 연주는 생각보다 어려운 악기라는 것을 그때도 느꼈다. 왜냐하면, 그 당시에 배우던 사람들도 중도에 포기하기가 일수였기 때문이다.

　3년 정도 쉬다가 다시 기회가 생겨 지금의 선생님을 모시게 되었다. 처음 3년 정도는 가요, 대금 창작곡 등 100여 곡을 배웠다. 그 뒤로 대금 산조를 접하게 되었다. 대금산조는 수년 동안 열심히 배웠지만 할수록 어려웠다. 대금을 잡은 지 10여 년이 넘었다. 늦게 배운 대금이고 취미로 배운 대금이라 전문성은 부족하지만, 지금도 대금을 열심히 연구하며 실력 정진에 노력하고 있다.

　대금의 배움에 관심을 가지셨다면, 제 경험에서 얻은 기초이론에 대해 살펴보고 가는 것도 대금을 공부하는 데 있어 조금이나마 도움이 되리라고 믿는다.

　내용의 구성은 대금의 역사와 종류, 대금의 구조와 명칭, 대금의 제작과정, 대금 연주법, 정간악보 보는 법, 장식음과 부호, 대금 산조 기본 장단, 대금관리, 연습곡, 대금을 대하는 마음자세, 마지막으로 부록 편을 통해 국악기에 대해 알아보았다.

제1절 대금의 정의

대금大笒은 우리나라 국악에서 널리 사용되는 관악기管樂器[1]이며, 젓대[2]라고도 부른다. 대금의 제작재료에 따르면 죽부竹部악기[3]이고, 악학궤범의 분류에 따라 향악기鄕樂器[4]에 속한다.

■ 국악기의 분류

이해를 돕기 위해 국악기의 분류에 대해 잠깐 설명하고 넘어가고자 한다.

우리나라의 악기는 예로부터 악기를 만드는 재료에 의한 분류(금부金部, 석부石部, 사부絲部, 죽부竹部, 포부匏部, 토부土部, 혁부革部, 목부木部)방법과 악학궤범에 소개된 아악기, 당악기, 향악기의 삼분법적 분류방법이 있다. 오늘날은 연주법에 따라 현악기, 타악기, 관악기 등으로 나누기도 하고 현명악기(줄 진동 악기), 공명악기(공기진동악기), 체명악기(몸체진동악기), 피명악기(막진동악기)의 4가지로 나누기도 한다. 최근에는 전기를 이용하여 소리를 내는 악기 즉 전명악기를 더 넣어 분류하기도 한다.

---

1) 관을 입으로 불어서 관 속의 공기를 진동시켜 소리를 내는 악기.
2) 가로로 대고 부는 악기인 대금을 속되게 이르는 말.
3) 재료로 악기를 분류하는 전통적인 방식에서, 대로 만든 악기를 통틀어 이르는 말.
4) 향악을 연주하는 데 쓰이는 악기.

대금은 대나무에 취구, 청공, 6개 지공, 칠성공 등의 구멍을 뚫어 가로로 부는 악기이다. 대금의 취구 위쪽 끝부분은 막혀 있다. 대금은 왼쪽 어깨에 얹어서 연주한다. 동서양의 악기 중 대금은 유일한 형태의 악기이기도 하다. 길이는 대략 70㎝(산조대금)에서 80㎝(정악대금) 정도이며, 음량이 풍부하며, 취공을 입술로 조절하여 음높이를 조절할 수 있다. 대금의 취구에 입김을 불어 넣는 정도에 따라서 저취低吹, 평취平吹, 역취力吹로 구분된다. 저취低吹는 저음부의 음역을, 평취平吹로는 중간 음역을. 역취力吹로는 높은 음역의 소리를 낸다. 대금의 청공에 붙인 갈대청을 진동시켜서 독특한 음색을 만들어 내는 기법이 있다.

대금은 궁중 연례악, 대풍류, 가곡반주, 민속무용곡, 시나위 등에 쓰이며, 현대에는 영화음악이나 서양음악, 대중음악 등에서도 광범위하게 사용된다. 대금은 삼현육각 악기(향피리 2개, 대금, 해금, 장구, 북 등 6인으로 구성) 중의 하나이기도 하다.

대금은 정악대금과 산조대금으로 나뉘는데, 정악대금이 산조대금보다 길이가 더 길고 음정도 더 낮다. 정악대금은 국악기 중 가장 개량이 덜 된 악기이기도 하다.

대금은 젓대, 저대, 저, 적, 횡적, 횡취 등으로 불린다. 북한에서는 "대함"이라고도 한다. 산조대금은 시나위와 같은 민속음악에 사용된다 해서 "시나위젓대"라고도 불리며, 정악대금은 "풍류대금"이라고도 한다.

제2절 대금의 역사

대금이 언제 만들어졌는지는 그 시기를 정확히 추측할 수 없다. 발굴된 유적을 토대로 볼 때, 세계적인 뼈 젓대의 역사는 매우 오래되어 구석기시대까지 거슬러 올라갈 수 있는데 이를 살펴보면 다음과 같다.[5]

(1) 6만 년 전 북아메리카 원주민의 독수리 뼈 젓대

(2) 5만 3천 년 전 네안데르탈 인류의 곰 뼈 젓대

(3) 4만 년 전 슬로베니아 뼈 젓대 파편

(4) 3만 년 전 프랑스의 사슴 뼈 젓대

(5) 신석기시대 중국 허난성과 네이멍구 자치구에서 맹금류 뼈로 만든 일곱 개의 구멍이 있는 젓대가 발굴

우리나라 대금역사로 볼 때, 신라시대에 삼죽三竹이라 하여 대금, 중금中笒, 소금小笒을 일컬었으며 이는 『삼국사기三國史記, 1145』 권 32 악지樂志 중에 기록되어 있다. 기록에 의한 대금은 『삼국사기』가 최초라 볼 수 있다.

여기에서는 우리나라 대금 관련 유물들을 살펴보고, 기록에 의한 내용, 대금의 전승 현황에 대해 알아보겠다.

1. 대금 관련 유물

가. 골제적

---

5) 뚜기의 메모장, 「국악기 소개5 나라를 수호하는 신성한 악기 – '대금'」, 티스토리, 2020. 4. 29, https://rtingrting.tistory.com/12 (검색일: 2025.08.27.).

골제적은 새의 뼈로 만든 일종의 피리 모양으로 1961년 북한의 함경북도 웅기군 굴포리에서 출토되었으며 기원전紀元前[6] 2000년경에 만들어진 것으로 추정하고 있다. 전체 길이가 13.5㎝, 지름 1㎝ 정도이다. 골제적에는 13개 정도의 지공이 있는 데, 손가락으로 연주하기에는 간격이 너무 좁다. 추정컨대, 실제 연주용이기 보다는 장신구 또는 종교의식 등의 무구(의물) 등으로 본다.[7]

나. 고구려 유물

고구려의 경우 고분벽화에서 횡적橫笛[8]의 모습을 볼 수 있다. 장천 1호분과 5호분, 통구 오회분 4호묘, 집안 17호분, 강서대묘의 벽화 등에서 횡적을 볼 수 있다.

다. 통일신라시대 유물

통일신라시대 대금 관련 유물로는 673년 비암사의 계유명아미타불삼존석상, 682년 감은사지 청동사리기, 725년 상원사 범종, 904년 봉암사의 지중대사적조탑 등이 있으며, 이곳 모두 공통적으로 횡적의 부조浮彫[9]이다.

신라 때의 것으로 추정되는 옥저가 지금의 대금 형상을 갖춘 가장 오래된 유물로 보고 있다. 옥저의 길이는 55㎝이다. 경주시에서 출

---

6) 서력에서 예수 그리스도가 태어난 해를 기원으로 하여 그 기원이 시작되기 이전을 이르는 말이다.

7) 국립국악원 블로그

8) 입에 가로로 대어 불게 되어 있는 관악기를 통틀어 이르는 말이다.

9) 형상이나 무늬 따위를 도드라지게 새김.

토되어 국립경주박물관에 소장되어 있다.

라. 조선시대 유물

조선시대의 기록화나 풍속화를 통해서도 대금연주 장면을 볼 수 있다. 대금연주 장면은 연회도, 세악수, 월하취적도, 후원유연, 기산 풍속도첩 등에 나타나 있다.

2. 기록으로 본 대금

가. 삼국시대

중국 수隋나라(581~619년)의 역사서인 《수서隋書》는 당 고조 연간으로부터 당 태종, 당 고종에 이르기까지 3대에 걸쳐 완성된 총 85권의 수나라 역사 통사通史이다. 《수서》는 636년, 장손무기長孫無忌와 위징魏徵 등이 완성한 〈제기帝紀〉 5권, 〈열전列傳〉 50권으로 구성된 것과 656년 우지녕于志寧 등이 완성한 다섯 왕조의 〈지志〉 30권으로 구성된 것을 합한 것이다. 이 통사 열전46 〈동이東夷전〉에 고구려 관련 횡적류의 악기가 사용되었음이 기록되어있다.

《북사北史》는 중국의 정사인 24역사서 중 하나이다. 북사는 북조北朝 즉 북위北魏, 북주北周, 북제北齊, 수隋 4개 왕조의 역사를 하나의 기전체로 정리한 정사로서, 이연수李延壽가 643년에 저술을 시작하여 659년에 완성되었다. 전체 100권이며, 본기 12권, 열전 88권으로 구성되어 있다. 이 정사 94권(열전82) 〈고구려〉전에 횡적류의 악기가 사용되었음이 기록되어있다.

《통전通典》은 당나라 재상 두우杜佑가 지은 유서類書이자, 중국 최초로 역대 제도와 문물을 기록한 정치서적이며 제도사이다. 통通이란 역대를 통한다는 뜻이자, 전典은 책을 의미한다. 통전은 총 200권이며, 766년에 착수하여 경사서經史書를 널리 수집하는 과정을 거쳐 착수한 지 35년 만인 801년(정원 17년)에 펴냈다. 이 《통전通典》에서 고구려가 횡적류의 악기를 사용하였음이 기록되어있다.

《책부원귀冊府元龜》는 중국 북송北宋시대에 편찬된 유서類書의 하나로, 왕흠약王欽若, 양억楊億 등이 진종眞宗의 칙명으로 경덕景德 2년(1005년)부터 편찬을 시작해 대중상부大中祥符 6년(1013년) 8월 13일에 완성되었으며, 1000권 분량을 31부部 1,104문門으로 분류하였다. 이 《책부원귀冊府元龜》에서 고구려가 횡적류의 악기를 사용하였음이 기록되어있다.

나. 통일신라시대, 고려시대

《삼국사기三國史記》는 고려 인종의 명을 받아 김부식金富軾 등이 1145년(인종 23년) 완성한 삼국시대 역사서이다. 대한민국에서 현존하는 가장 오래된 역사서이며, 삼국시대 각국의 흥망과 변천을 기술한 정사체의 역사서이다.

1970년 경주 옥산서원에 소장된 판본이 보물 제525호로 지정되었으며, 2018년 국보 제322-1호로 승격되었다. 그밖에 1981년 조병순 소장 영본零本과 경주부간본慶州府刊本이 각각 보물 제722호, 723호로 지정되었다가 경주부간본이 국보 제322-2호로 승격되었다. 국보 제322-1호, 322-2호가 유일한 완본으로 현전하며, 보물 제722호는 7권 1책이 전해진다. 《삼국사기三國史記》 권32 잡지 중 악지樂志에는 신라의 삼죽과 삼현에 대한 기록이 있다. 여기에서 삼현은 가야금, 거문고, 향비파이며, 삼죽은 대금, 중금, 소금을 말함으로써 대금이란 용어를 처음 사용한 점에 그 의미가 있다.

《삼국유사三國遺事》는 고려 시대의 승려 일연一然이 고려 충렬왕 7년(1281년)]에 인각사麟角寺에서 편찬한 삼국 시대의 역사서이다. 같은 삼국시대를 기록한 고려 시대 김부식이 편찬한 《삼국사기》와 비교할 때 설화 등의 신이한 이야기가 많이 담겨있는 점이 특징이다. 구성은 전체 5권으로 이루어져 있으며, 5권 내에 다시 9편으로 나뉘어 있다. 《삼국유사三國遺事》 권2에는 삼죽(대금, 중금, 소금)의 기원인 만파식적萬波息笛 설화가 실려 있다. 만파식적萬波息笛에 대한 설화에 의하면, 신라 신문왕이 아버지 문무왕을 위하여 동해변에 감은사感恩寺를 지은 뒤, 문무왕이 죽어서 된 해룡海龍과 김유신이 죽어서 된 천신天神이 합심한바, 용을 시켜서 보내준 대나무로 왕에게 피리를 만들도록 하였다. 이렇게 만들어진 피리를 불면 적병이 물러가고 병이 낫는 등 나라의 모든 근심, 걱정이 사라졌다는 전설 기록 이야기이다.

《고려사高麗史》는 조선 전기에 편찬된 고려 왕조의 역사를 저술한 역사서이며 기전체紀傳體로 된 고려 왕조의 정사正史이다. 《고려사》는 1392년부터 1451년까지 60여 년에 걸쳐 작성과 수정을 반복하여 편찬되었다. 내용에는 34명의 국왕이 다스린 474년의 각종 사건과 각 시대별 인물에 대한 내용을 담았다. 이 《고려사》 악지에 향악기 중 대금이 있었다고 기록되어 있다.

《고려도경高麗圖經》은 중국 북송의 사신 〈서긍徐兢〉이 1123년 고려에 사신으로 1개월 동안 방문하면서 보고 들은 것들을 정리하여 1124년 송 휘종에게 제출한 보고서 형식의 책자이다. 《고려도경高麗圖經》에 고려의 향악기 중 대금류의 악기가 있었음을 언급하였다.

《익재난고益齋亂藁》는 고려 후기의 학자, 이제현의 시, 서, 비명 등을 수록한 시문집이다. 이 문집은 이제현의 아들 창로와 손자 보림이 편집하여 1363년(공민왕 12년)에 처음으로 간행하였다. 이 문집에 의하면 무외국사가 젓대를 잘 불었다는 내용이 실려 있다.

《한림별곡翰林別曲》은 『고려사』에서 고종 때 한림의 여러 유생이 지은 것이라 하였다. 한림은 고려시대 임금의 말이나 명령을 글로 짓는 일을 하던 한림원翰林院을 뜻한다. 한림별곡의 노래 가사 중 "빗근 적취"라는 표현을 "빗겨 든 횡적(대금)"으로 풀이 해 볼 수 있다.

다. 조선시대

《세종실록世宗實錄》은 조선 전기 제4대 왕 세종의 재위 기간 동안의 국정 전반에 관한 역사를 다룬 실록이다. 163권 154책으로 세종의 재위 31년 7개월간을 다루고 있다. 《세종실록世宗實錄》에 대금에 대한 실물이 그려져 있어, 대금에 대한 그림이 나타난 최초의 문헌으로 보고 있다. 이 문헌에서는 대금을 "대적"이라 표기하였다.

《악학궤범樂學軌範》은 조선 성종 때에 편찬한 악서樂書로, 장악원掌樂院에 있던 의궤儀軌·악보를 정리한 것이다. 《악학궤범樂學軌範》에는 대금의 구조도, 운지법, 기원, 재료, 구조, 연주법 등에 대하여 상세하게 기록되어 있다.

《증보문헌비고增補文獻備考》는 동국문헌비고의 증보판이다. 증보문헌비고는 총 250권의 분류서로 상고시대부터 조선시대까지의 모든 제도와 문물을 16개 분야로 나누어 연대순으로 정리한 백과사전으로 국가를 다스리는 데 필수적인 기초 문헌이었다. 《동국문헌비고東國文獻備考》 또는 《증정동국문헌비고增訂東國文獻備考》라고도 불린다. 이 문헌은 조선 영조 46년(1770년)에 편찬된 동국문헌비고東國文獻備考 100권을 대한제국 광무 7년(1903년)에 최종 증보하여 발간하였다. 이 문헌에는 대금에 대한 다양한 기록이 있다.

《종묘의궤宗廟儀軌》는 국가적으로 실시된 의례 중 가장 중요했던 종묘의 제도와 의식절차, 관련 행사를 그림과 함께 기록한 책이다. 원집 4책, 속록 5책, 합 9책의 필사본이다. 원집은 1697년(숙종 23)에 만들어졌으며, 속록은 1741년(영조 17) 2책, 1819년(순조 19) 1책, 1842년(헌종 8) 2책이 만들어졌다. 이 책에서 대금에 관한 기록을 볼 수 있다.

조선시대 풍속화 속에서도 대금연주 모습을 볼 수 있다. 대표적으로 김홍도의 무동 그림에 등장하는 악사들 중 대금연주 모습을 볼 수 있고, 신윤복의 〈주유청강舟遊淸江〉이나 〈상춘야흥賞春野興〉에서도 대금 연주의 모습을 볼 수 있다.

3. 대금의 명인 전승 현황

대금의 명인으로는 조선 시대 맹사성과 박연을 들 수 있다. 고종 때 어영청御營廳 세악수細樂手로 있었던 정약대鄭若大도 있다. 대금정

악의 명인으로 함제홍咸濟弘이 있고, 아들 함재영咸在韺도 피리와 대
금의 명수였다고 한다. 계보가 현대까지 이어지는 명인으로는 이왕
직아악부李王職雅樂部 아악수로 있었던 최학봉崔鶴鳳이 있다. 이어 최
학봉의 제자 김계선金桂善이 유명하다. 이어 김계선의 제자 김성진金
星振이 있다. 김성진은 해방 이후 대금정악 예능보유자로 지정되었
다. 김성진 이후 대금 정악의 명인으로는 김응서, 조창훈, 박용호,
조성래 등이 유명하다. 김응서는 스승 김성진 명인의 뒤를 이어 대
금정악 예능보유자로 지정되었고, 그의 사후에는 조창훈이 지정되
었다. 지방제 풍류 음악의 명인으로는 전용선이나 편재준, 김환철,
김정식 등이 있다.

　1900년대에 들어서는 산조대금이 만들어짐에 따라 대금 산조의
명인들이 나타났다. 대금산조의 명인으로는 구한말의 강태홍, 박종
기부터 일제~해방 직후까지의 한범수, 한주환, 김광식, 편재준, 인
간문화재 시대의 강백천, 김동식, 이생강, 김동표, 서용석, 원장현
등이 있다.

　산조 이외의 경기 음악 등의 명인으로는 김한국, 지영희 등이 있
다.[10]

　대금 산조를 가장 먼저 창시한 사람은 박종기朴鍾基로 전해지고 있
다. 대금 산조는 판소리의 영향을 많이 받았다는 박종기류와 시나
위가락의 영향을 많이 받았다는 강백천姜白川류로 나뉘어 볼 수 있
다. 박종기의 후계자로 한주환韓周煥이 있다. 한범수韓範洙는 박종기
와 한주환의 영향을 받았으며, 이생강과 서용석은 한주환에게 대금
산조를 배운 뒤 자신의 대금산조류를 만들었다. 원장현은 한일섭에

---

10) 나무위키, 「대금」, https://namu.wiki/w/대금 (검색일: 2025.08.27.).

게 산조를 익혀 대금산조류를 만들었다.

제3절 대금의 종류

1. 용도에 따라

가. 정악대금

정악대금을 정악젓대라고도 부른다. 정악대금의 크기는 80㎝ 내외이다. 정악대금은 궁중음악의 아악雅樂 중 향악鄕樂과 풍류방風流房 등의 정악을 연주하는 젓대이기 때문에 붙여진 이름이다. 정악대금은 산조대금보다 대체로 길고 크기 때문에 저음과 중후한 음색을 내는 데 용이하다.

정악대금은 종묘제례악, 여민락, 여민락만, 본령, 해령, 도드리, 현악영산회상, 평조회상, 관악영산회상, 천년만세, 취타, 수제천, 동동, 보허자, 낙양춘, 가곡, 자진한입 등에 편성되어 연주되었으며, 독주곡으로는 청성곡이나 평조회상 중 상령산과 헌천수, 경풍년 등을 연주한다.[11]

나. 산조대금

산조대금의 정확한 출현 시점은 알려진 바가 없고, 대금산조의 창

---

11) 국악사전에서 발췌

시자로 알려진 박종기朴鐘基만 해도 산조나 시나위 연주에 정악대금을 그대로 사용한 것으로 알려져 있다. 19세기말 대금산조가 발생함에 따라 한숙구, 박종구 등이 산조대금을 개발하였다는 설이 있다.[12]

산조대금은 정악대금 보다 길이(70㎝ 내외)가 짧아서 정악대금보다 음이 높으며, 운지나 자세도 힘이 덜 드는 편이다. 취구는 정악대금보다 커서 소리 내는 것 자체가 더 어렵다고 한다. 산조대금은 산조, 민요, 시나위, 민속무 반주, 창작국악에 쓰인다.

산조대금은 산조뿐 아니라 굿판의 기악합주인 〈시나위〉, 노래와 춤 반주 등 민속악 전반에 사용된다.

대금 산조는 진양, 중머리, 중중머리, 자진머리의 장단으로 구성된다.

산조대금을 구입하면서 참고해야 사항이 있다. 산조대금의 음정은 두 가지 키로 나눌 수 있는 데 C#, D가 있다. C# 키의 산조대금은 김동진류, 서용석류, 원장현류 등의 대금 산조 연주에 적합하다. D 키는 강백천류, 이생강류 등에 적합하다. 산조대금을 구입하고자 할 때에는 무슨 류의 대금 산조를 할 것인지에 대해 대금판매자에 말해주어야 한다.

다. 개량대금(가요대금, 신곡대금)

대금을 서양음악의 음정에 맞게 제작하여 만들어지고 있다. 플루트flute를 모방하여 조작키를 붙여 놓기도 한다. 또한 음역별로 저

---

12) 나무위키, 「대금」, https://namu.wiki/w/대금 (검색일: 2025.08.27.).

음, 중음, 고음의 대금을 따로 만들기도 한다.

서양음악이나 일반 가요 등에 많이 활용된다.

2. 재료에 따라

가. 대나무 대금

대부분의 대금은 대나무로 만들어진다. 대나무의 종류도 다양하게 많다. 그 중 쌍골죽을 알아준다. 대금의 재료인 쌍골죽은 일종의 병죽으로 대의 아랫마디에서부터 골이 패인 대나무이다.

나. 플라스틱 대금

처음 배우시는 분들이 많이 사용하는 대금이다. 가격도 싸고 음정도 괜찮다. 잘못 만들어진 대나무 대금보다 좋다고 하는 사람도 있다.

다. 뼈 대금

고대의 유물에서 발견된 대금이다. 짐승의 뼈에 구멍을 뚫어 만들었다. 지금의 대금과 같이 사용되었다기 보다는 종교의례용으로 사용되었을 것으로 추정한다.

라. 기타

대금을 만드는 재료에 따라 기타 여러 종류의 이름을 붙일 수 있을 것으로 본다.

제4절 대금의 구조와 명칭

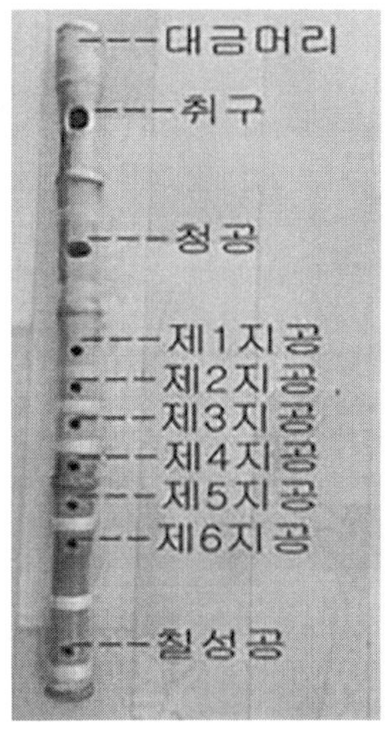

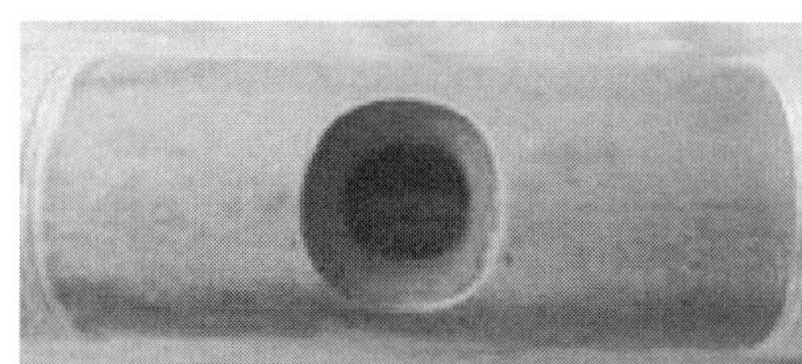

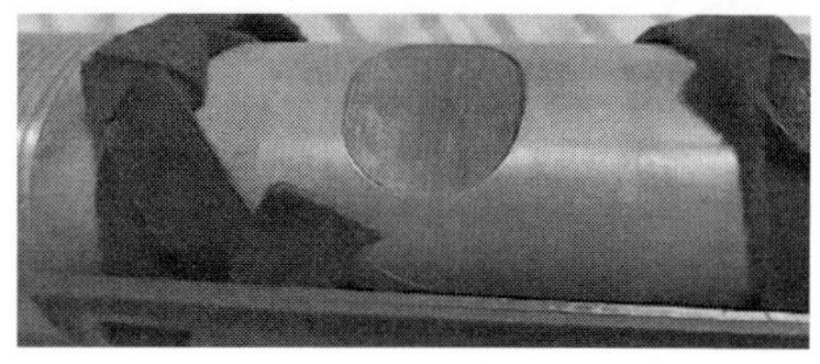

대금의 청과 청가리개

1. 취구吹口

대금에 입김을 불어넣는 구멍을 취구吹口라고 한다. 취구를 기준으로 대나무 관의 위쪽 끝은 막혀 있다. 취구의 크기는 연주자에게 영향을 줄 수 있다. 자신에 맞는 취구여야 할 것이다.

2. 청공淸孔

취구吹口의 아래에 갈대의 얇은 막을 채취해 말린 청淸을 붙여 대금 특유의 음색을 내게 해 주는 청공淸孔이 있다.

3. 지공指孔

손가락으로 구멍을 열거나 막으며 음의 높낮이를 연주하는 여섯 개의 지공指孔을 말한다.

4. 칠성공七星孔

대금 제일 아래쪽에는 칠성공七星孔이 있다. 칠성공은 대금을 만들 때 사용하는 대나무의 단단함과 안쪽 직경의 차이 등에 따라 달라진다. 대금의 음높이를 조절하기 위해 뚫은 구멍이다. 『악학궤범樂學軌範』 중 대금에 관한 기록을 보면 지금과 같이 청공과 여섯 개의 지공이 있었던 것은 같지만, 칠성공은 다르다. 고려사 악지나 악학궤범에 따르면 그때는 대금의 칠성공이 5개였음이 기록되어 있다. 당시에는 대금의 칠성공을 〈허공虛孔〉이라 했다. 칠성공을 민간에서는 〈바람새〉 또는 〈조종 구멍〉이라고도 했다.

5. 청가리개

청을 보호하기 위하여 청 위에 덮듯이 철판을 가죽 끈 등을 이용해 묶어두는 것으로 청가리개는 대부분 쇠로 되어있으나 요즘은 대나무 등 다른 소재를 이용해 청가리개로 쓰기도 한다. 연주할 때는 개방하여야 한다.

6. 대금머리

대나무의 뿌리 부분이나 밑동 부분으로 대금 연주 시 어깨에 걸쳐지는 부분이다. 대금머리는 취구의 입김이 윗부분으로 새지 않도록 막아주는 역할도 한다. 머리가 너무 짧으면 연주하는 데 불편을 느껴 다시 더 길게 덧대는 경우도 보았다.

제5절 대금의 제작 과정

제작 과정은 대금을 다루는 대금인 들이 상식적으로 알아야 할 정도로만 다루었다. 이 내용을 읽다 보면 좋은 대금이 어떤 것인지 어렴풋이 짐작이 가리라고 본다. 대나무질, 대금장의 기술, 만들어진 대금이 개인 특성에 잘 맞아떨어져야 좋은 대금을 얻었다고 할 수 있을 것이다.

1. 대나무 채취

대나무에도 여러 종류(우리나라는 4속 14종, 전 세계적으로는 40속 600여 종)가 있다. 악학궤범에 의하면 대금은 황죽으로 만든다고 되어있다. 그러나 대부분 쌍골죽을 으뜸으로 치고 있다. 본래 대나무는 마디마다 오른쪽과 왼쪽으로 번갈아가며 가지가 생겨나게 되어있다. 이때 가지가 있는 쪽에 골이 생기는 게 정상적인 대의 모습이라 할 수 있다.

쌍골죽은 돌연변이 식으로 성장하면서 양쪽에 골을 만든다. 쌍골죽의 특성은 대나무 속에 살이 쪄서 단단하므로 잘 작업하여 대금을 만들면 청아한 소리를 낸다고 한다.

쌍골죽의 일화로 바람이 불면 우는 소리를 내기 때문에 〈망국죽〉이라 하였으며, 대밭에 쌍골죽이 나면 망한다는 속설 때문에 보이는 대로 베어 없앴다고 한다.

이처럼 쌍골죽은 구하기가 어렵기 때문에 중국이나 일본 등 외국에서 수입해다 쓰는 경우도 있다고 한다.

구하기 어려운 쌍골죽만을 고집하기 보다는 황죽도 괜찮다고 역설하는 이도 있다.[13]

대나무는 대략 5월 중순~6월 중순에 걸쳐 죽순이 나오면서 번식하다. 죽순의 크기에 따라 대나무의 크기를 가늠해 볼 수 있다. 죽순은 좋은 요리 감으로 쓰인다. 대나무는 외떡잎식물로 나이테가 없고 비대생장을 하지 않는다.

대나무는 매화, 난초, 국화와 함께 사군자四君子로 일컬어지고 있으며, 특히 사철 푸르고 곧게 자라는 성질을 묘사하여 지조와 절개

---

13) 김혜정, 『대금장 : 인천광역시 무형문화재 9호』(민속원, 2014).

의 상징으로 인식되기도 한다.

채취할 대나무는 4년에서 5년 이상 자란 것이 좋으며, 채취할 시기로는 겨울철이 좋다. 채취할 부분은 최대한 뿌리까지 정성스럽게 다루어야 한다. 길이는 뿌리로부터 대금의 길이를 감안하여 여유 있게 남겨두고 나머지 부분은 절단하여 버린다.

2. 대나무 변형잡기 및 말리기

채취한 대나무를 그대로 말리면 나중에 구부러진 대나무를 사용하려 할 때 어려움을 겪게 될 것이다. 이 때문에 채취한 후 바로 대나무에 열을 가하여 곧게 펴는 작업을 해야 한다. 이 대나무를 말리기 전 소금물에 담구는 등 갖가지 방법을 사용하기도 한다. 대금을 만들 대나무를 손질하는 과정은 대금장마다 조금씩 다르다. 대나무를 그늘에서 6개월쯤 말리다가 다시 비틀어진 부분에 열을 가하여 펴는 작업을 한 뒤 그늘에 말린다. 그 뒤로 1년이 지나면 다시 열을 가하여 바로 잡는다. 대나무 손질과정은 대략 3년 정도 걸린다.

3. 구멍 뚫기

가. 내경 뚫기

대나무의 속을 뚫어내는 작업이다. 드릴 같은 도구를 사용한다. 대금 내경이 기준[14] 이상으로 크면 저음은 잘 나지만 고음이 잘 안

---

14) 김혜정, 『대금장 : 인천광역시 무형문화재 9호』(민속원, 2014). 이 책에서는 정악대금의 내경을 17㎜, 산조대금의 내경을 16㎜로 제시하고 있으며, 이는 대금 구입 시 중요한 기준이 될 수 있다.

난다. 반대로 내경이 기준보다 작으면 고음은 잘 나지만 저음이 잘 안 된다. 이처럼 내경 파내기는 매우 중요하다. 결론적으로 대금의 내부 구경이 너무 커도 안 좋고, 너무 작아도 안 좋다.

나. 취구 뚫기

취구는 바람을 불어 넣는 곳으로 사용하는 개개인의 입에 잘 맞아야 좋다. 따라서 경우 따라 취구 크기를 조정할 수도 있는 여유가 있어야 한다. 취구에 따라 고음이나 저음처리에 영향을 줄 수 있다.

다. 지공 뚫기

취구와 지공 6개, 청공은 일정한 제작 규격이 있다. 이에 따라 6개 지공작업을 한다. 지공이 대나무 마디에 걸리지 않게 하는 것이 필요하다.

라. 청공 뚫기

청공은 갈대청을 붙이는 곳으로 이 구멍을 통해 독특한 음색을 만들어 낸다. 청공은 적당한 크기여야 좋다.

마. 칠성공 뚫기

대금의 음정을 조정하는 구멍으로 1~3개 정도 뚫는다.

4. 줄 감기

대금도 나무이기 때문에 열과 습기 등에 민감하다. 뜨거운 여름 승용차에 안에 방치한다면 굽어지거나 갈라지는 등 대금에 손상이 갈 수 있다. 이를 방지하는 방법으로 지공과 지공 사이에 줄을 단단히 감아 놓는다. 줄은 명주실을 사용하는 것이 탄력이 있어 좋다고 한다.

5. 청 붙이기

청은 대금 부위의 크기에 따라 여유 있게 자른 다음 물에 적셨다가 아교나 풀 등을 이용해 붙인다. 주름이 지지 않게 잘 당겨서 붙여야 하며 옆에서 보았을 때 움푹 들어간 형태가 잘 붙여진 상태라 할 수 있다. 청은 대금연주에 많은 영향을 준다. 잘못 붙여지거나 관리를 소홀히 하면 대금연주를 못하는 경우도 발생할 수 있다.

6. 청가리개 묶기

청가리개는 청을 보호하기 위해 금속재 가리개로 덮어 묶는다. 청가리개는 직사각형으로 네 개 모서리에 가죽 끈을 꿰어 묶는다. 청가리개는 청 울림의 양을 조절하기도 한다.

7. 지관 박기(낙관 찍기)

『지識』자는 "알다"라는 뜻이 있고, 새김한 글자라는 뜻이 있다. 『관款』자는 파서 새긴 글자란 뜻이 있다. 서예의 낙관落款이란 말과 같은 뜻이며, 작가의 작품에 자신의 이름이나 아호를 도장형태로 찍거나 새기는 것을 말한다.

대금장의 경우, 자신이 만든 〈대금〉임을 알려거나 식별하기 위해 새긴다. 장인의 자부심에 관한 뜻도 있다.

지관은 보통 대금의 취구 부분이나 청공 아래쪽 또는 칠성공 부분에 새긴다.

제6절 대금 관련 용어 해설

대금을 공부하면서 대하는 용어에 대해 알아보도록 하자. 이는 대금에 대한 이해를 돕기 위함이다.

■ 가요대금

산조대금 등은 일반 서양음악의 음정에 약간 안 맞는 부분이 있다. 이를 보완하여 만든 대금이 가요대금이다. 가요대금은 산조대금보다 짧고 지공 사이도 더 좁다. 따라서 산조 대금을 하다가 가요대금을 하기에는 불편한 점이 있다. 이런 불편 때문에 대금 산조를 하는 분들은 음정이 조금 안 맞더라도 산조대금으로 가요를 연주하는 게 일반적이다.

■ 갈대청

갈대청은 5월 단오 무렵에 채취하며, 갈대를 베어서 갈대의 마디를 절단한 다음 그 속에서 갈대의 얇은 내피를 꺼내, 말려서 사용한다. 갈대 내피는 소금물 등에 끓인 다음 말려서 사용하기도 한다.

■ 내경

대금의 속 부분을 이르는 말이다. 둥그렇게 뚫어진 직경의 크기를 말할 때 쓴다. 대금의 내경 부분이 고루 잘 파여져야 좋은 대금이 될 수 있다.

■ 대금 끝부분

대금의 내경이 들여다보이는 끝부분을 말한다. 대금의 끝부분에는 칠성공이 있다.

■ 대금머리

대나무의 뿌리나 밑동 부분으로 대금을 연주할 때 어깨에 걸쳐지는 부분이다. 대금의 머리 부분은 막혀 있어서 바람을 차단하는 부분이기도 하다.

■ 대금산조大笒散調

대금산조는 전라남도 진도 출신의 박종기(1880~1947)에 의해 처음 연주되기 시작했다고 한다. 장단 구성은 진양, 중모리, 중중모리, 자진모리 등 4악장으로 구성되는 게 일반적이다. 전하는 유파로는 이생강류, 서용석류, 원장현류 등이 있다. 이 외에도 박종기제, 강백천류, 한주환류, 한범수류, 김동진류 등도 있다.

■ 대함大㗠

대금을 이르는 말로 "㗠"음의 한글 표기에 있어 "금㗠"자를 "함㗠" 자로 표현한 것이다.

■ 먹사리

대금 소리가 나지 않음을 이르는 말이다.

■ 목관악기木管樂器

목재를 재료로 하여 만든 관악기를 통틀어 이르는 말이다. 대금이 나 대나무 피리 등도 이에 속한다고 볼 수 있다.

■ 민속악民俗樂

민간에서 생겨나 전해 내려오는 음악을 말한다. 민속악에는 판소 리, 각 지방의 민요, 농악, 산조, 시나위, 불교의식 음악 등이 있다.

■ 부호符號

일정한 뜻을 나타내기 위하여 따로 정하여 쓰는 기호

■ 삑사리

대금을 부는 사람이 의도하지 않았는데도 갑자기 나는 경고음 같고 심술궂은 잡음 소리를 말한다.

■ 산조散調

산조는 조선 말기에 등장한 국악의 한 갈래로, 민속악에 속하는 기악 독주곡이다. 시나위의 가락에서 파생된 것으로 잘 알려져 있지만, 개중에는 거문고 산조나 대금 산조, 아쟁 산조같이 판소리로 만들어진 산조도 있다. 산조 장단으로는 진양, 중모리, 중중모리, 엇모리, 자진모리, 휘모리, 단모리 등이 있다. 가락은 계면조나 평조, 우조, 경조 중에서 택하는 것이 보통이다.

반주는 장구가 이용되며, 드물게 소리북도 쓰인다.

처음으로 산조 가락을 연주한 것은 가야금 산조의 시초인 김창조로 보며, 거문고 산조는 백낙준, 대금 산조는 박종기, 해금 산조는 지용구, 지영희, 한범수 등을 들고 있다. 피리 산조는 지영희와 이충선, 아쟁 산조는 한일섭에 의해 시작되었다고 한다.

민속악인 산조는 개인적으로 사사받으며 이어져 왔기 때문에 가르치는 사람에 따라 많은 유파가 생겨났다.

산조의 '산散'은 흩을 산 자를 사용하였는데, 당시 산조가 기존의 예인들로부터 다소 부정적인 시각을 반영한 것이 아닌가 하는 해석이 있다.

■ 산조대금

민속음악이나 대금 산조를 연주할 때 쓰인다. 가요 등 그 밖에 음악을 연주할 때도 두루 사용할 수 있다.

■ 숙임

대금 연주 시 얼굴 쪽으로 대금을 살며시 당겨 부는 연주법을 말한다.

■ 시가時價

정간악보에서 네모 칸의 한 칸은 1박으로 음의 시가時價를 표시한다고 했을 때, 시가는 장단의 길이나 음의 고저高低 등을 말한다고 볼 수 있다.

■ 시김새

시김새는 기악의 경우 하나의 줄, 하나의 지공에서 발한 소리의 여음 변화를 말한다. 성악의 경우 한 번의 발성에서 음고, 음색, 음질을 변화시키는 기법을 시김새라 할 수 있다. 시김새에는 여러 꼴이 있다.

(1) 요성搖聲 - 흔들어 주는 소리이며, 요성에는 굵은 요성과 잔잔한 요성 등이 있다.

(2) 전성轉聲 - 한 박 이내의 짧은 시가에서 강하게 굴러 주는 소리이다.

(3) 퇴성退聲 - 음의 뒤를 흘러내리는 소리이다.

(4) 추성推聲 - 음의 뒤끝을 살짝 밀어 올려 주고 다음 음으로 급히 진행하는 소리이다.

"식음食飮새" 또는 "시금새"로도 불리 운다.

■ 시나위

시나위는 무속음악에서 유래한 민속 기악 합주곡이다. 한문으로
는 심방곡心方曲, 신방곡神房曲으로 쓰고 음역할 때는 신아위神娥慰
등으로 쓰인다. 〈시나위〉라는 단어의 어원은 불분명하다. 신라 때
노래를 뜻하는 '사뇌詞腦'에서 나왔다는 설도 있다. 시나위 합주 악
기로는 산조대금, 향피리, 해금 등의 관악기에 장구와 북, 징 장단
에 맞춰 자유분방하게 연주하였다고 한다. 다만 현대에는 가야금
이나 거문고, 아쟁 같은 현악기들도 함께 어울려 연주할 때가 많고
퉁소나 태평소 등의 악기도 포함되는 경우가 가끔 있다. 시나위는
기본적인 틀은 있지만 고정된 선율이 없고 유동적이며 즉흥적인
선율이다.

■ 아교

갈대청을 청공에 붙이기 위해 사용하는 고체의 접착제를 말한다.

■ 안공법按孔法

대금을 연주하는 바른 자세와 정확하게 운지 하는 법을 말한다.

■ 역취力吹

고음을 내기 위하여 대금을 세게 부는 것을 말한다.

■ 오(5)관청

대금 연주 시 1, 2, 3, 4, 5지공만을 사용하여 연주하는 방법이다.
민요나 가요 등을 연주할 때 많이 사용된다.

■ 오선보五線譜 Staff, Stave

5개의 선 위에 여러 기호를 그려 넣어 음의 길이나 높낮이 등을 표현할 수 있게 만든 악보를 말한다. 전 세계적으로 널리 쓰이는 악보 형식이다.

■ 요성搖聲

대금 연주 시 맛을 내기 위해 대금을 흔들거나 떨어서 내는 소리이다.

■ 운지

대금을 연주할 때 구멍을 열고 닫는 손가락의 움직임을 말한다.

■ 운지법運指法(Fingering)

악기 연주를 위해 손가락을 쓰는 방법을 말한다. 대금에 있어 구멍(지공)을 막는 등의 방법을 말한다.

■ 육(6)관청

대금의 6개 지공을 모두 사용하는 연주법을 말한다. 대금 산조를 비롯한 창작곡, 가요 등 모든 분야에서 광범위하게 쓰인다.

■ 율명律名

한국과 중국에서 사용하는 십이율 이름을 말한다. 십이율이란 국악의 열두 음계이다. 육률六律과 육려六呂가 있다.

12율명에는 황黃 ⇨ 황종黃鍾, 대大 ⇨ 대려大呂, 태太 ⇨ 태주太簇, 협夾 ⇨ 협종夾鍾, 고姑 ⇨ 고선姑洗, 중仲 ⇨ 중려仲呂, 유蕤 ⇨ 유빈蕤賓, 임林 ⇨ 임종林鍾이 있다.

대금연주에선 통상 임남무황태고중(서양음계 도레미파솔라시) 7개를 주로 사용한다.

■ 외경外徑

대금에 겉 부분의 둘레 즉 겉 부분의 지름을 말한다. 대금의 굵기를 뜻하기도 한다.

■ 음정

음정이란 두 음 사이의 거리를 이르는 말이다. 여기에서 거리는 두 음 사이의 상대적인 높이의 차이를 나타내며, 상대적 차이란 두 음의 진동수 비율이다. 음정을 통해 화음 사이의 관계를 파악할 수 있다. 대금연주에서 음정은 지공의 운지법에 의한다.

■ 장단長短

장단이란 용어를 단순하게 정의하기란 쉽지 않다. 장단은 박자meter, 빠르기tempo, 강약accent, 한배pattern 등의 요소로 이루어졌다고 볼 수 있다. 장단은 박자의 집합체이며, 한배는 장단의 하위 개념으로 박의 시간적인 길이를 말한다. 한배에 따라 장단의 빠름과 느림을 결정한다. 여기에 강약이 가미되고 일정한 리듬 형rhythmic pattern이 반복되어 구성될 때 장단이 성립한다.

■ 장식음裝飾音

곡에 여러 가지 변화를 주기 위하여 사용하는 음으로 꾸밈음이라 부르기도 한다. 작은 음표 또는 글자나 그림 등을 써서 표시한다.

민속음악의 대금연주는 정악에 비해 꾸미고 장식하는 경우가 더 많다. 음정의 폭을 크게 하여 꺾어 내리거나 밀어 올리면서 감칠맛을 낸다. 장식음을 잘 사용하여야 아름다운 연주를 할 수 있다.

■ 장적長笛

긴 악기라는 뜻으로 대금을 이르는 말이다.

■ 저취低吹

낮은 음을 내기 위해 입김을 약하게 넣어 부는 음을 말한다.

■ 정간보井間譜

음의 길이, 높이를 똑똑히 나타낼 수 있는 '#' 자 모양의 옛날 악보를 말한다. 조선 세종 때 창안하였다.

대금을 연주하기 위하여 만든 것으로, 율명을 기입한 악보를 말한다.

■ 정악正樂

정악이란 궁중음악을 일컬어 말하며, 관료계층이나 양반 등 주로 상류계층에서 즐기던 음악이다. 이런 궁중 음악에 상대되는 개념으로 민속음악을 들고 있다. 사전적 풀이로 나라에서 의식과 법도에 맞게 연주하는 음악이란 뜻이 있다. 정악은 다시 기악과 성악으로 구분할 수 있는 데, 기악에는 제례악(문묘, 종묘)과 연례악(당악, 향악)이 있고 성악에는 악장, 가곡, 가사, 시조 등이 있다.

■ 정악대금

궁중음악이나 풍류음악에서 사용되는 대금이지만 가요나 창작곡 등에서도 사용되고 있다. 정악대금만을 고집하여 사용하는 사람도 있다.

■ 젖힘

대금 연주 시 대금을 바깥쪽으로 젖혀 부는 연주법을 말한다.

■ 조調

대금 산조를 판소리처럼 계면조界面調, 우조羽調, 평조平調 세 가지의 연주부분으로 나누어 볼 수 있다. 계면조를 『설움조』, 우조는 『호령조』라고 순 우리말로 부르기도 한다.[15]

평조平調는 명랑하고 화창한 느낌을 주는 대목으로, 기쁜 장면, 흥겨운 장면 등에 주로 쓰인다.

우조羽調 부분은 맑고 격하며, 씩씩하고 거세게 연주한다.

계면조界面調 대목은 매우 슬프면서 흐느끼듯 연주한다.

대금산조 자체가 판소리에서 비롯되었기에 표현방식이 비슷할 수밖에 없다.

이익李瀷은 『성호사설』 속악조俗樂條에서 《계면》이라는 것은 "듣는

---

15) 판소리학회

자가 눈물을 흘려 그 눈물이 얼굴에 금을 긋기에 붙여진 이름이다."
라고 설명하였다.[16]

　허균許筠도 『성소부부고惺所覆瓿藁』에서 "김운란이 아쟁을 잘 타서
계면조부분을 들으면 사람들이 눈물을 흘렸다."라고 기록하였다.
그래서 계면이 "슬픔을 나타낸다."라고 하였다.

■ 지공

　대금 연주 시 손가락으로 막고, 열고 할 수 있는 구멍이다. 구멍의
위치에 따라 각기 다른 음정을 만든다. 대금은 6개의 지공으로 이루
어져 있다.

■ 창작음악

전통음악에 상대개념으로 최근에 작곡하여 만든 음악을 말한다.

■ 청가리게

　대금에 붙여진 청을 보호하기 위하여 직사각형 모양의 쇠로 된 덮
개를 만들어 가죽으로 묶어 놓은 가리개를 말한다. 청가리개는 청
울림의 양을 조절하기도 한다.

■ 청공

　대금의 취구 바로 아랫부분에 청공이 있다. 청공은 대금에 청을
붙이는 곳이다. 연주 시 청의 떨림 효과로 인해 좋은 연주 소리를 감
상할 수 있다.

---

16) 한국민족문화대백과사전

■ 추성

대금 연주 시 밀어 올려내는 소리를 말한다.

■ 칠성공

대금의 음정을 조절하기 위하여 지공 아랫부분에 만든 1~3개 정도의 구멍을 말한다.

■ 취구

대금을 연주할 때 입김을 불어 넣은 부분이다. 연주자에 있어 취구는 중요하다. 연주자의 입술과 잘 맞아야 좋은 소리를 낼 수 있는 요건이 된다.

■ 취구혈

대금 취구의 정중앙 맞은편 앞부분을 말한다.

■ 퇴성

대금 연주 시 현재 내는 소리보다 낮게 끌어내리는 소리를 말한다.

■ 평취平吹

대금을 보통 세기로 부는 것을 말한다.

■ 횡적橫笛

옆으로 부는 악기라는 뜻이다. 대금과 같은 악기를 이르는 말이다.

제7절 대금의 선택

초보자인 경우, 어떤 대금을 먼저 택할 것인가를 고민할 수 있다. 대금에는 정악대금, 산조대금, 가요대금 등이 있다. 전공자의 길을 가려는 사람은 당연히 정악대금과 산조대금 모두 해야 한다. 그러나 취미로 배우는 경우에는 고민이 될 수 있다. 여기에서 배우는 사람의 선택권이 있다. 정악대금의 소리가 좋다면 정악대금을 선택할 것이다. 경험으로 본 정악대금은 먼저 길이가 길기 때문에 손가락이 짧은 사람은 애를 먹을 수가 있다. 또 하나 단점은 산조대금보다 연주에 폭이 좁다고 볼 수 있다. 물론 전문가가 아니기 때문에 필요한 곡만 연습하면 그만이겠지만 말이다. 이에 비해 산조대금은 길이가 짧아 운지하기가 쉽고, 우리나라 국악의 전통곡인 산조를 포함하여 민요, 창작곡, 가요 등 전반에 걸쳐 연주해 볼 수 있다는 장점이 있다. 가요대금은 산조대금보다 더 짧다. 산조대금을 하다가 가요대금을 하려면 적응이 쉽지 않다. 그러나 서양음악이나 가요곡 등을 주로 하려면 가요대금을 할 필요가 있다. 산조대금은 음정 면에서 약간 안 맞는 부분이 있어서이다.

결론적으로 대금의 세계를 고루 섭렵해 보려면 먼저 산조대금부터 시작함이 좋을 것이라고 조심스럽게 권해 본다.

제8절 대금의 구입 방법

처음에는 당연히 플라스틱 대금으로 시작하는 것이 좋다고 본다. 공장에서 대량으로 생산되는 플라스틱 대금이 음정 면에서 그리 나쁘지 않다고 본다. 플라스틱 대금은 가격 면에서도 가장 부담이 없다. 나의 경험으로는 플라스틱 대금으로 3년은 연주한 것 같다. 심지어 이 대금으로 요양원 공연도 다녔다. 초보자는 최소 1년 이상 플라스틱 대금으로 공부하고 대나무 대금을 구입하는 것이 좋다고 본다.

나는 대금을 5번에 걸쳐 구매하였다. 첫 번째 플라스틱 대금에 이어 두 번째는 싼 맛으로 얇은 대나무 대금을 구입하였으나 얼마 가지 않아 금이 가서 버렸다. 세 번째 대금은 대금이 두툼하고 멋있게 보여 샀으나 소리가 잘 나지 않아 싼 가격으로 팔고, 네 번째 대금을 구입하였으나 너무 가는 탓에 소리가 탐탁지 않았다. 이어 두툼하고 무게가 있어 보이는 대금을 구입하여 사용하고 있으나 저음은 괜찮은 데, 고음이 잘 안 되어서 또 교체할까 하고 고민 중에 있다.

대금을 구입할 때, 대부분 제작자나 판매자의 감언에 넘어 가기 쉽다. 그들은 먼저 팔고 보자는 심산이 강하기 때문이다. 대금 구입 시에는 교환, 반품, A/S 등이 가능한지에 대해 알아보아야 한다.

대금을 구입하러 갈 때는 경력이 풍부한 선배나 대금강사의 조언을 받아 보는 게 좋다. 선뜻 느낌만으로 샀다가 후회하는 경우가 많다.

대금은 적당한 굵기가 좋고 불어 보았을 때 저음과 고음이 잘 나야 한다. 연습하면 잘 되겠지 하고 미루어 생각했다가는 결국에 후

회하고 만다. 특히나 대금의 취구는 매우 중요하다고 본다. 본인의 입술에 잘 맞아서 소리가 잘 나야 한다. 대금은 대나무의 재질이 좋고, 제작자의 솜씨가 훌륭해야 하며 그리고 사용할 본인에게 잘 맞아야 한다. 다시 강조하지만 보기에만 그럴싸하게 좋아 보인다고 쉽게 결정하여 구입하면 안 된다.

이상을 정리하여 좋은 대금에 대해 살펴보면 다음과 같다.

1. 마디 형태

대금을 볼 때 5개의 마디를 가진 것이 가장 균형 잡힌 형태이다. 뿌리 쪽에서부터 1~2번째 마디에 취구, 그다음 마디에 청공, 그다음 마디에 왼쪽 지공 3개, 그다음 마디에 오른쪽 지공 3개, 마지막 마디에 칠성공이 뚫리게 된 것을 이상적으로 본다. 이는 균형 잡힌 모양도 있지만, 주로 운지의 편의 때문이다. 모양이 좋으면 그만큼 값도 비싸지기 쉽다. 그러나 모양보다는 소리가 좋은 것을 고르는 것이 더 중요하다.

2. 대금의 음정

어떤 악기든 간에 가장 중요한 것은 음정이다. 대금의 음정을 결정하는데 가장 중요한 것은 취구와 지공들 간의 거리 등이 있지만 전문적인 지식이 없다면 판단하기 어렵다. 음정은 직접 불어보고 판단하거나 음정테스터기 등을 활용할 수 있다. 대금은 야무지고 매끄러운 소리가 고르게 나야 하며, 힘들지 않게 소리가 잘나면 더욱 좋다.

3. 대금의 굵기

일반적으로 내경은 정악대금의 경우 17mm 정도, 산조대금은 16mm 내외가 되어야 한다.

외경도 음정에 영향을 미치는 것으로, 굵으면 음정이 낮아지므로 짧게 만들어야 하고, 가늘면 반대로 길게 만들어야 음정이 맞아진다. 이는 제작자의 경험에 의한 제작기술에 의존할 수밖에 없다. 굵은 대금이 음색은 좋을 수 있으나, 너무 굵으면 힘이 많이 들고 고음 처리가 잘 안 될 수 있다. 반대로 너무 가늘면 음색이 안 좋고 저음 처리가 불안할 수 있다.

대금을 선택할 때는 반드시 최저음(㑣)과 최고음(淋, 湳, 潕, 潢, 㴞)의 소리 상태를 확인해야 한다.

4. 취구와 청공

취구가 너무 크면 바람이 새어 나갈 수 있고, 반대로 너무 적으면 자유로이 소리를 구사하기 어렵다. 취구는 무엇보다 연주자의 입에 잘 맞아야 한다.

청공이 너무 크거나 작으면 청의 떨림에 영향을 주기 때문에 적당한 크기여야 한다.

5. 대금의 재료

대금의 재료인 대나무는 예로부터 해묵은 황죽을 썼으나 지금은 쌍골죽을 으뜸으로 본다. 대나무 수령은 4~5년 이상 해묵어야 좋고, 속살이 두꺼우며 내경이 일정하게 파여져 있어야 한다. 대나무 살이 너무 얇은 경우에는 음정이 부정확할 수 있다. 대금의 겉모양까지 예쁘면 더욱 좋다.

제9절 대금의 교습 방법

대금을 배우고자 할 때 "누구에게 배우느냐" 또는 "어떻게 배우느냐" 등에 고민할 수도 있다.

나는 처음 공공기관 사업소 배움 프로그램을 통해 배웠다. 배우는 곳은 많다. 개인교습을 하는 데도 있고, 국악학원, 대금강습소(교습소), 문화센터, 복지관 등 다양하게 많다. 요새는 유튜브를 통해 공부하는 사람들이 있다. 대금 동호인들을 모집해서 자체 강사를 지정해 놓고 공부하는 사람들도 있다.

대금을 취미로 가볍게 공부하려면 문화센터나 동호인 모임 등을 통해 할 수 있다. 그러나 열심히 공부해서 경연대회에도 나가고 강사로도 활동하면서 공연활동을 하려면 학원, 교습소, 개인교습소 등에서 지도를 받아야 하리라고 본다.

대금은 하루아침에 잘 불어지는 것이 아니다. 유명강사나 명인을 통해 배운다 할지라도 본인의 노력과 의지, 목표가 없으면 시간만 보낼 뿐이다.

대금 실력은 결국 노력과 열성으로 본인이 쌓아가고 만들어가는 것이라고 본다.

제10절 대금의 공부 순서

여러 종류의 대금을 섭렵해 보려면 대충 다음 순서에 의할 수 있다. 개인의 취향에 따라 순서는 바뀔 수 있다.

1. 산조대금

산조대금에도 운지법에 따라 5관청과 6관청이 있다. 5관청과 6관청은 나름대로 특색과 묘미가 있다. 나는 6관청을 먼저 배우고 5관청을 배웠다. 그러다가 산조를 하면서 5관청 운지법을 포기하였다. 대금 산조가 6관청이기 때문이다. 먼저 5관청을 배우도록 권장하는 이도 있다. 우선 배우기 쉬워서이다. 5개 지공만을 사용하기 때문이다.

2. 정악대금

보통 산조대금을 배운 뒤에 정악대금을 배운다. 정악대금이 좋아 먼저 배우는 사람도 있다. 정악대금에도 5관청과 6관청이 있다.

3. 가요대금

서양 음악처럼 정확한 음정을 원한다면 가요대금을 배워야 한다. 가요대금은 대금을 서양음악에 맞게 개조하여 만든 것이다. 운지법은 같으나 지공 간격이 더 좁다. 새롭게 적응하여야 한다.

가요대금을 하면서 또 다른 대금의 세계를 경험해 볼 수도 있을 것이다.

대금의 연주 실제

제2장 대금의 연주 실제

제1절 대금연주에 임하는 기본자세

1. 대금 상태 점검

대금을 연주하기 전에 우선 다음 사항을 확인해 보도록 한다.

(1) 취구 안쪽을 들여다보면서 이물질이나 곰팡이 등이 있는지 확인한다.

(2) 대금 내경을 들여다보면서 이곳에 이물질 등이 붙어 있는지 확인한다.

(3) 청가리개를 열고 청공의 갈대청이 찢기거나 주름져 있는지 확인한다. 긴장되다 보면 청가리개를 열지도 않고 연주할 수가 있다. 만약 청 상태가 불량하다면 대금 소리가 나지 않을 수 있다. 그리고 청가리개를 열지 않으면 대금 소리가 갇힌 듯 맑은 소리가 나지 않는다. 연주 전 청 상태 확인은 필수 사항이다. 연주 전에 청에 침을 바르면서 준비하는 행동을 많이 봤을 것이다. 청관리가 미숙한 초보자는 1년쯤 청공에 테이프를 감아 연습할 수도 있다. 대금의 청가리개는 가죽 끈으로 묶는데, 이때 질긴 가죽을 사용하여야 하며, 가리개 끈이 너무 길어서 나풀거리면 연주할 때 걸리고 남 보기에도

좋지 않다. 단정하게 묶어 놓아야 한다.

(4) 대금의 외부가 파손되거나 흠이 있는 곳은 없는지 확인한다.

2. 대금에 입김 불어 넣기

대금의 청이 쭈글쭈글 해진 상태에서는 소리가 만들어지지 않을 수 있다. 연주자가 청에 침을 바르는 이유이기도 하다. 연주자의 입 속에도 침이 고여 있어야 연주가 편하다. 대금 자체에도 취구를 비롯하여 내경에 촉촉한 느낌이 있으면 연주가 편하다. 경연대회 시 일부러 취구에 물을 적셔 두는 것을 보기도 했다. 연주자의 입술도 촉촉하게 하면 불기에 편하다. 연주 중간에 자꾸 혀로 입술을 건드리는 이유이기도 하다. 이처럼 대금을 연주하기 전에 충분한 입김을 불어 넣어 주어야 소리가 제대로 나올 수 있다. 대금은 목관 악기이기도 하다. 습기나 열에 민감할 수밖에 없다. 대금을 불고 나면 잘 닦아 주어야 곰팡이가 슬지 않는다. 열이나 직사광선이 있는 곳에 보관하면 바짝 말라서 균열 즉 대나무가 갈라져 금이 가거나 휘어지고 뒤틀리는 등의 경우가 발생할 수 있다. 겨울철 등에는 대금이 너무 차가울 경우 연주가 잘되지 않을 수 있다. 대금을 가방에 보관하여 이동하더라도 면수건 등으로 잘 감싸놓으면 좋다. 대금 연주 전에 다른 곡을 연습 삼아 불어보기도 한다, 산조 등에서는 내두름이라고 하여 본 대금 연주곡 앞에 연주되는 곡이 있다. 입김을 충분히 불어 넣는 일련의 과정을 두고 "대금을 푼다." 또는 "입을 푼다."라고 말하기도 한다. 입을 풀기 위해서는 얼굴근육, 입술부위 근육, 양 볼 근육, 턱 근육 등을 상하좌우로 움직여도 보고 손으로 마사지를 하면서 연주 준비를 하는 것이다. 몸의 스트레칭을 통해 전신을 풀어주면 더욱 좋다.

3. 연주자세 갖추기

대금의 기본자세로는 대금을 어깨에 대고 고개를 돌려 취구에 입술을 댄다. 이때 팔꿈치는 대금과 수평이 되도록 유지하며, 허리를 곧게 펴고 상체에 힘을 살짝 빼준다. 오른손 팔꿈치는 겨드랑이에 붙지 않도록 들어주어야 한다. 오른손 엄지손가락의 지문 부분이 대금을 받치도록 한다. 시선은 약간 아래를 보는 자세가 좋고, 이때 눈을 질끈 감고 연주하는 것은 안 좋다. 연주하는 자세는 전신 거울을 보고 교정하거나 지도하는 선생님의 지시를 따르도록 한다. 대금을 연주하는 자세를 보면 다음과 같다.

단체로 연주하는 경우에는 일정한 통일성을 갖추도록 자세를 취한다. 사전에 연습을 통해 통일성 있는 자세를 갖추게 하는 것이 좋다.

가. 앉아서 연주하는 경우

이 자세는 대금에서 흔히 쓰이는 자세로 가장 안정적인 자세이기도 하다. 양반다리 형태로 앉는 자세를 취하고 어깨와 팔, 대금이 평행을 이루도록 하는 것이 좋다.

나. 서서 연주하는 경우

주로 무대에서 많이 하는 자세로 몸통을 약간 틀어서 얼굴이 관중을 향하도록 하는 것이 좋다. 앉아서 하는 자세와 마찬가지로 어깨와 팔, 대금이 평행을 이루도록 하는 것이 좋다.

다. 의자 등에 앉아서 연주하는 경우

이 경우에는 위의 앉아서 하는 경우나 서서 하는 경우 등을 참고하면 된다.

제2절 소리 내는 법

대금을 처음 대하는 분들은 소리내기가 첫 번째 과제이다. 설령 대금을 오랫동안 연주하였다 하더라도 제대로 음을 구사하지 못하는 사람이 있다. 좋은 소리 내기와 제 음정을 제대로 소리 내기란 쉬운 일이 아니다. 대금을 처음 불 때는 10분만 불어도 머리가 어지럽고 아플 수 있다. 시간 간격을 두고 쉬어가면서 불어야 한다. 체력소모도 만만치 않다. 때로는 아랫입술 부위가 대금에 부대껴 아플 수 있다. 폐활량도 늘려야 하지만 대금에 대한 적응도 시간을 두고 해야 한다. 단시간에 목표를 이루려는 욕심을 버려야 할 것이다.

1. 호흡연습

대금을 불 때는 무엇보다 호흡이 매우 중요하다. 호흡이 안 되면

매끄러운 연주가 어렵게 된다. 노래도 마찬가지이지만 복식호흡의 연습이 매우 중요하다. 복식호흡 방법은 가슴으로 숨을 쉬기보다는 배로 숨을 쉰다고 생각하고 숨을 깊이 마시고 천천히 내 쉬어야 한다. 명상 등을 통해서 호흡연습을 많이 한다. 호흡단련은 앉아서도 하고 서서도 할 수 있다. 잘 때나 피곤할 때에는 누어서도 할 수 있다. 때에 따라서는 호흡단련 강좌를 통해서도 배우고 연습해 볼 수 있다.

2. 대금 소리의 기본 요소

가. 부는 바람의 각도

입에서 나온 바람이 취구의 중앙 부분에 부딪치는 각도에 따라 대금 소리가 만들어지는 결정 요소가 된다.

나. 부는 바람의 양

입술을 통해 나온 바람의 양에 따라 대금 소리의 굵기를 결정한다. 바람이 많으면 소리가 굵어지고, 바람이 적으면 가는 소리가 난다.

다. 부는 바람의 세기

입술을 통해 나온 바람의 세기에 따라 소리의 높고 낮음 또는 크고 작음을 결정한다. 바람이 강하면 높은 음이 나오고 약하면 낮은 소리가 난다.

3. 처음 대금 소리 내는 방법

처음으로 대금을 배우는 사람은 지공법을 쓰지 않는다. 왼손으로 대금머리를 잡고 오른손으로 몸통을 잡은 다음, 취구에 입술을 대고 대금을 조금씩 움직여 가면서 소리가 나는 자리를 찾아본다. 이때 취구는 기본적으로 아랫입술 부위를 이용해 5/4정도[1]가 막혀있어야 한다. 소리가 나면 반복해서 그 자리를 기억하도록 한다. 취구에 입술이 잘 위치하고 있는 지 거울을 통해 확인한다. 취구에 불어 넣는 바람을 너무 세지 않게 하고, 부는 시간은 보통 5~6초 이상 유지하여야 한다.

제3절 운지법

대금 지공의 운지법에 대해서는 정확하게 "이것이다."라고 말하기가 어렵다. 상황에 따라서는 제 지공에서 숙이고 젖히기도 하며, 한 지공을 반쯤 막아 비슷한 음을 만들기도 한다. 표시된 끝에 지공(◎)은 열기도하고 막기도 할 수 있는 지공도 있다.

불안한 음정은 꾸민 음이나 요성 또는 입김의 세기 조화 등 여러 가지 기법으로 대체하고 넘어갈 수 있다.

운지법에 대해 자세히 설명하기 위해서 먼저 손가락의 명칭부터

---

1) 4/3정도라고 말하는 사람도 있다. 이는 만들어지는 대금소리의 정도에 따라 가늠할 뿐이다.

알아보고자 한다.

사람의 손가락은 오른손에 5개 손가락, 왼손에 5개 손가락 모두 10개의 손가락이 있다.

1. 손가락의 명칭

한 손의 5개 손가락에 대한 명칭은 다음과 같다. 여기에서 엄지손가락만 두 마디이고 나머지 4개 손가락은 세 마디로 이루어져 있다.

(1) **엄지손가락**은 첫 번째의 손가락이고 "어미 또는 으뜸, 최고"란 뜻이 있다. 다른 명칭으로는 첫째 손가락, 무지拇指, 벽지擘指, 대지大指, 거지巨指, thumb 등이 있다.

(2) **검지손가락**은 두 번째 손가락이고 방향을 가리킬 때 흔히 버릇처럼 사용한다. 다른 명칭으로는 둘째 손가락, 집게손가락, 두지頭指, 식지食指, 염지鹽指, 인지人指, index finger 등이 있다.

(3) **중지中指손가락**은 세 번째 손가락이고 가장 긴 손가락이기도 하다. 다른 명칭으로는 셋째 손가락, 가운뎃손가락, 장지長指, 장지將指, middle finger 등이 있다.

(4) **약지손가락**은 네 번째 손가락이고 흔히 반지를 끼는 손가락에 해당한다. 다른 명칭으로는 넷째 손가락, 약지藥指, 무명지無名指, ring finger 등이 있다.

(5) 새끼손가락은 다섯 번째 손가락으로 굵기가 가장 작은 손가락이며, 우리가 서로 약속을 맹세할 때 흔히 손가락걸기에 사용된다. 다른 명칭으로는 다섯째 손가락, 새끼손가락, 소지小指, 계지季指, little finger, pinky finger 등이 있다.

2. 지공법에서 사용되는 손가락

대금의 지공법에서 열 개 손가락 중 6개만 사용된다. 대금의 지공은 6개로 이루어져 있기 때문이다. 해당 손가락으로 지공을 막을 때에는 힘을 빼고 올려놓는다는 느낌으로 막는 게 좋다. 손가락에 너무 힘을 주어 막으면 빠른 연주 등에서 불편할 수 있기 때문이다. 지공을 정확히 막는 연습도 매우 중요하다. 이때 사용되지 않는 새끼손가락은 대금 밑으로 내리지 말고 자연스럽게 놓아둔다. 왼손 엄지손가락으로 대금 밑을 단단히 받쳐 들고, 오른손 엄지손가락으로도 대금을 받치는 역할을 한다.

(1) 제1지공은 왼손의 검지손가락 끝부분을 사용한다.
(2) 제2지공은 왼손의 중지손가락 끝부분을 사용한다.
(3) 제3지공은 왼손의 약지손가락 끝부분을 사용한다.
(4) 제4지공은 오른손의 검지손가락 둘째 마디 부분을 사용한다.
(5) 제5지공은 오른손의 중지손가락 둘째 마디 부분을 사용한다.
(6) 제6지공은 오른손의 약지손가락 끝에서 첫 마디 부분을 사용한다.

3. 대금 연주 자세

(1) 허리를 곧게 펴고 편안한 자세를 취한다.

(2) 머리는 취구 쪽으로 약간만 돌리고 고개는 약간 숙인다.

(3) 시선은 전방 4~5m 정도 아래를 향해 응시하거나, 45도 각도로 아래를 응시하면 된다.

(4) 대금과 어깨, 팔 등은 수평을 유지하도록 하여야 하다. 대금이 아래로 쳐지면 음의 변화를 가져올 수 있다.

※ 운지법은 개인마다 약간 다를 수 있다. 이는 대금의 영향도 있지만 운지법을 연구하여 달리 연주하는 경우도 있다. 초보과정을 지나 중급으로 넘어가면서 이런 부분을 알 수 있으리라 본다.

4. 산조대금 5관청

구분	음정	지공						비고
		왼손			오른손			
		1지공	2지공	3지공	4지공	5지공	6지공	
저취	黃(황)	●	●	●	●	●	○	
	太(태)	●	●	●	●	○	○	
	姑(고)	●	●	●	○	○	○	
	仲(중)	●	●	○	○	○	○	
		●	●	○	●	○	○	
	林(임)	●	○	○	○	○	○	
		●	○	○	○	●	○	
	南(남)	○	○	○	○	○	○	
		○	○	○	○	●	○	
평취	潢(황)	●	●	●	●	●	○	
	汰(태)	●	●	●	●	○	○	
	㳞(고)	●	●	●	○	○	○	
	㳞(중)	●	●	○	○	○	○	
		●	●	○	●	○	○	
	淋(임)	●	○	○	○	○	○	
	湳(남)	○	○	○	○	○	○	
역취	潢(황)	●	●	○	○	○	○	
		●	●	○	○	●	○	
	汰(태)	●	○	●	●	●	○	
		●	○	○	○	●	○	
	㳞(중)	○	○	●	●	●	○	

※ ● 완전 막기　○ 완전 열기

5. 산조대금 6관청

구분	음정	지공						비고
		왼손			오른손			
		1지공	2지공	3지공	4지공	5지공	6지공	
저취	㑣(임)	●	●	●	●	●	●	도
	侇(이)	●	●	●	●	●	◐	
	㑲(남)	●	●	●	●	●	○	레
	㒇(무)	●	●	●	●	○	●	
		●	●	●	●	◐	○	
	億(응)	●	●	●	●	○	○	미
		●	●	●	○	●	●	
	黃(황)	●	●	●	○	○	◎	파
	太(태)	●	●	○	○	○	◎	솔
	夾(협)	●	○	●	○	○	●	
	姑(고)	●	○	○	○	○	◎	라
	仲(중)	○	●	◎	○	○	◎	시
평취	林(임)	○	●	●	●	●	●	도
	南(남)	●	●	●	●	●	○	레
	無(무)	●	●	●	●	○	●	
		●	●	●	●	◐	○	
	應(응)	●	●	●	●	○	○	미
	潢(황)	●	●	●	○	○	◎	파
	汰(태)	●	●	○	○	○	◎	솔
	浹(협)	●	○	●	○	○	○	
	㴌(고)	●	○	○	○	○	◎	라
	沖(중)	○	◎	○	○	○	◎	시
역취	淋(임)	○	●	●	●	●	●	㳲(유)
		●	●	●	○	○	○	도
	湳(남)	●	●	○	○	○	◎	레
	潕(무)	●	○	○	○	○	◎	미
		●	◐	○	○	○	○	
	瀁(응)	●	○	○	●	●	●	
	潢(황)	○	○	○	●	●	●	
		○	○	●	○	○	○	
	汰(태)	●	●	○	●	●	●	

※ ● 완전 막기　○ 완전 열기　◐ 반만 막기　◎ 열수도 막을 수도 있음,
※ 6관청 지공법은 연주하는 사람마다 조금씩 다르다. 연주곡의 흐름에 맞는 음정(지공법)을 선택함이 현명하다고 본다.

7. 정악대금 5관청

구분	음정	지공						비고
		왼손			오른손			
		1지공	2지공	3지공	4지공	5지공	6지공	
저취	黃(황)	●	●	●	●	●		
	太(태)	●	●	●	●	○		
	姑(고)	●	●	●	○	○		
	仲(중)	●	●	○	○	○		
	林(임)	●	○	○	○	○		
	南(남)	○	○	○	○	○		
평취	潢(황)	●	●	●	●	●		
	汰(태)	●	●	●	●	○		
	㳃(고)	●	●	●	○	○		
	�425(중)	●	●	○	○	○		
	淋(임)	●	○	○	○	○		
	湳(남)	○	○	○	○	○		
역취	㶂(황)	●	●	○	○	○		
	㳩(태)	●	○	●	●	●		
	㳞(중)	○	○	●	●	●		

※ ● 완전 막기 ○ 완전 열기

8. 정악대금 6관청

구분	음정	지공						비고
		왼손			오른손			
		1지공	2지공	3지공	4지공	5지공	6지공	
저취	㑣(임)	●	●	●	●	●	●	
	㑲(남)	●	●	●	●	●	○	
	㒇(무)	●	●	●	●	○	●	
	㒣(응)	●	●	●	●	○	○	
	黃(황)	●	●	●	○	○	◎	
	太(태)	●	●	○	○	○	◎	
	夾(협)	●	○	●	○	○	●	
	姑(고)	●	○	○	○	○	●	
	仲(중)	○	●	●	○	○	●	
평취	林(임)	○	●	●	●	●	●	
	南(남)	●	●	●	●	●	○	
	無(무)	●	●	●	●	○	●	
	應(응)	●	●	●	●	○	○	
	潢(황)	●	●	●	○	○	◎	
	汰(태)	●	●	○	○	○	◎	
	浹(협)	●	○	●	○	○	○	
	㴌(고)	●	○	○	○	○	●	
	㳞(중)	○	○	○	○	○	●	
역취	淋(임)	●	●	●	○	○	○	
	湳(남)	●	●	○	○	○	●	
	潕(무)	●	○	○	○	○	●	
	㶁(응)	●	○	○	●	●	●	
	㶁(황)	○	○	○	●	●	●	
	㳲(태)	●	●	○	●	●	●	

※ ● 완전 막기   ○ 완전 열기   ◎ 열기도하고 막기도 함

제4절 정간보 읽기

정간보井間譜는 조선 세종 때 만들어 쓰던 기보법으로《세종실록世宗實錄》에 실렸다. 정간보법은 시가時價만을 나타내는 것이므로 음의 높이를 나타내기 위하여 율자보律字譜[1] 혹은 오음약보五音略譜[2], 육보肉譜[3] 등을 섞어 쓴다. 정간井間이란 네모 칸의 수 및 차지하는 공간의 넓이로 음의 길이를 나타낸다. 1박인 음은 1정간으로 나타낸다.

정간보는 전체 악보에서 있어 오른쪽에서 왼쪽으로 한 줄씩 읽으며, 한 칸 안의 율명은 왼쪽으로부터 오른쪽으로 읽는다.

□ 정간보 읽는 예시

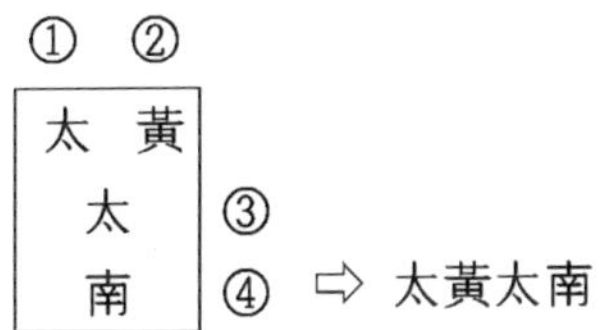

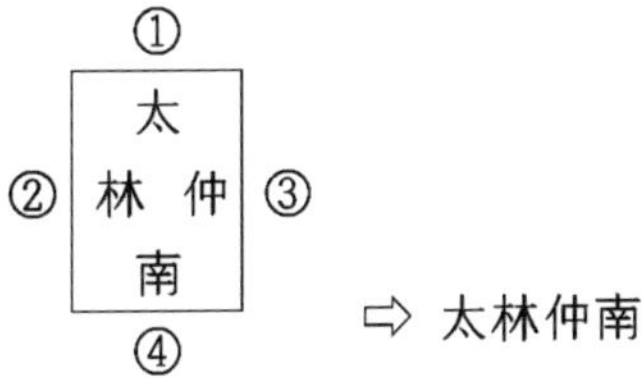

---

1) 12율명의 첫 글자로 음높이를 표기하는 기보법이며, 『악학궤범』에 실려 있다.

2) 세조때 창안된 기보법이며 주음主音을 '宮'이라 하고, 上一·上二 또는 下一·下二 등으로 향악의 5음음계를 표기하던 기보법이다. 주로 관찬악보에서 사용되었다.

3) 악기의 소리를 표현하는 의성어인 구음口音을 문자로 기록한 것이다. 악기의 연주법을 나타낸 것이며 악기에 따라 구음법이 서로 다르다.

제5절 정간악보 장단음의 시가 표시

1. 한 장단은 보통 1칸으로 정한다.

 (예시)

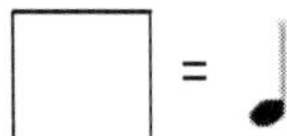

2. 두 장단은 두 칸

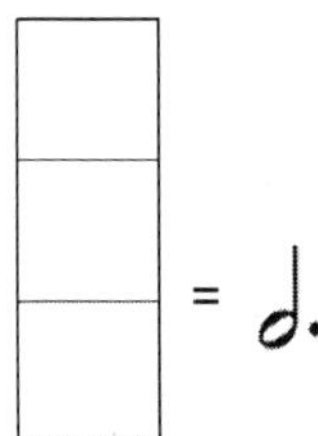

3. 3장단은 세 칸

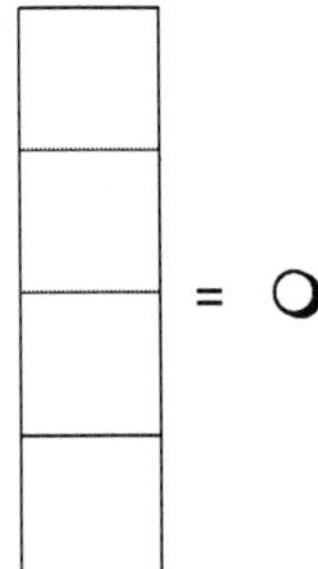

4. 4장단은 네 칸

5. 반(1/2) 장단은 한 칸을 둘로 나눈다.

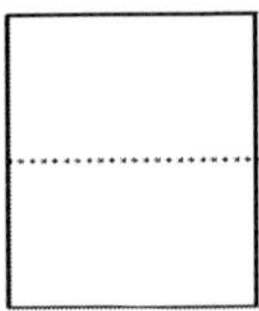

6. 1/4장단은 한 칸을 넷으로 나눈다.

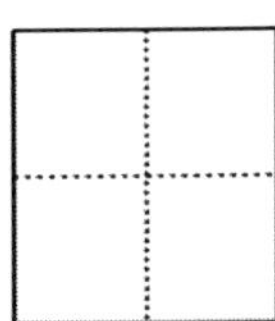

7. 한 장단 안에 1/2장단, 1/4장단 등이 여러 개로 이루진 경우에는 한 칸을 6등분, 또는 9등분하여 표시할 수 있다.

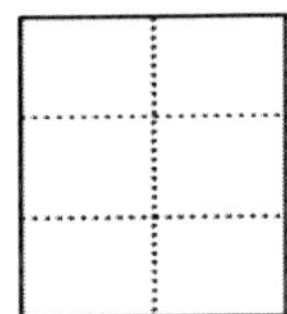

빠른 음악을 연주할 경우 많은 칸이 있으면 연주가 어려울 수 있다. 진양장단 등 느린 음악에서는 가능할 수 있다.

(예시)

※ 쉼표 등도 그 길이에 따라 반 정간, 한 정간, 2정간, 3정간, 4정간 등을 차지할 수 있다.

제6절 악보 표기 장식음 및 부호

서양음악은 오선보를 이용해 음악을 표현하지만, 대금의 아름다운 소리는 정간 악보를 만들어서 표현한다. 물론 요즘은 오선보를 이용하기도 한다. 그러나 전통 방식에 의하려면 정간악보를 사용하여야 하고, 정간악보를 사용하려면 악보에 다양하고 자세한 장식음이나 부호 등의 표현방식이 따라야 한다. 장식음이나 부호의 기능과 표현 방식에 대하여 알아보도록 하자. 장식음이나 표현부호는 산조나 궁중음악, 민속음악, 창작곡 등에서 주로 많이 쓰인다.

아래 장식음이나 부호 등은 여러 자료에서 모았기 때문에 서로의 생각이나 표현이 조금씩 다를 수도 있다. 악보 표기 부호를 파악하거나 공부하면서 참고하여 활용해 주었으면 한다.

1. 장식음(꾸밈 음)

(1) ∧, 구음 - 니레

하나 위 음을 짧게 내고 본음을 길게 낸다.

☞ 林∧ ⇨ 南林-
　 潢∧ ⇨ 汰潢-

(2) 人, 구음 - 니라

두음 위 음을 짧게 내고 본음을 길게 낸다.

☞ 林ㅅ ⇨ 潢林-
　 潢ㅅ ⇨ 㴠潢-

(3) ㄱ, 구음 – 노네

하나 아래 음을 짧게 낸 후에 본음을 길게 낸다.

☞ 南ㄱ ⇨ 林南-
　 汰ㄱ ⇨ 潢汰-
　 湳ㄱ ⇨ 淋湳-

(4) ㅋ, 구음 – 너네

두음 아래를 짧게 낸 후에 본음을 길게 낸다.

☞ 潢ㅋ ⇨ 林潢-
　 㴠ㅋ ⇨ 潢㴠-

(5) ㅆ, 구음 – 노니로

본음과 하나 위 음을 짧게 내고 본음을 길게 낸다.

☞ 林ⱔ ⇨ 林南林-

(6) S, 구음 - 떠이어

본음과 하나 위 음을 짧게 내고 본음을 길게 낸다.

☞ 淋S ⇨ 淋潕淋-
　汰S ⇨ 汰㳞汰-

(7) ㄷ, 구음 - 나니르

하나 아래 음과 하나 위 음을 짧게 낸 후, 본음을 길게 낸다.

☞ 汰ㄷ ⇨ 潢㳞汰-

(8) ㄩ, 구음 - 느로니르

본음과 하나 아래 음, 하나 위 음을 짧게 낸 후, 본음을 길게 낸다.

☞ 汰ㄩ ⇨ 汰潢㳞汰-
　南ㄩ ⇨ 南林潢南-

(9) ㇂ , 구음 - 나니나

본음과 하나 위의 음, 본음을 똑 같은 시가로 낸다.

☞ 黃 ⁊ ⇨ 黃太黃
　林 ⁊ ⇨ 林南林

(!0) ⚡ 구음 - 나느나

본음과 하나 아래의 음, 본음을 똑 같은 시가로 낸다.

☞ 太 ⚡ ⇨ 太黃太
　林 ⚡ ⇨ 林仲林
　南 ⚡ ⇨ 南林南

(11) ひ, 구음 - 노니로

두음 아래 음, 하나 위 음을 짧게 내고 본음을 길게 낸다.

☞ 黃 ひ ⇨ 㑣太黃-

(12) Ⅰ, 구음 - 느니르

하나 아래 음을 짧게, 본음을 길게, 하나 아래 음을 짧게 낸다.

☞ 太 Ⅰ ⇨ 黃太-黃

㒤工 ⇨ 淋㒤-淋

(13) ㅌ, 구음 - 나니르

하나 아래 음, 하나 위 음을 짧게 두 번 반복 후 본음을 길게 낸다.

☞ 太ㅌ ⇨ 黃仲黃仲太-

(14) ㅡ 구음 - 니누니

하나 위 음을 짧게 내고, 본음 길게, 하나 아래 음을 짧게 낸다.

☞ 林ㅡ ⇨ 南林-南

(15) ㅅ 구음 - 니로

세 음 위 음을 짧게 내고 본음을 길게 낸다.

☞ 仲ㅅ ⇨ 黃仲-
☞ 黃ㅅ ⇨ 林黃-

(16) ㅅ, 구음 - 노니노

본음과 두음 위 음을 짧게 내고 본음을 길게 낸다.

☞ 林ᕎ ⇨ 林黃林-

(17) ↯, 구음 - 네로네

본음과 하나 아래 음을 짧게 내고 본음을 길게 낸다.

☞ 太↯ ⇨ 太黃太-
　　林↯ ⇨ 林仲林-

(18) ↯, 구음 - 느너느

본음과 두음 아래 음을 짧게 내고 본음을 길게 낸다.

☞ 仲↯ ⇨ 仲黃仲-
　　林↯ ⇨ 林太林-

2. 부호

(1) ㄴ, 구음 - 니

하나 위 음을 시가만큼 낸다.

☞ 林ㄴ ⇨ 林南

黃ㄴ ⇨ 黃太

(2) ㄴ, 구음 - 리

두음 위 음을 시가만큼 낸다.

☞ 林ㄴ⇨ 林潢
　黃ㄴ⇨ 黃仲

(3) ㄱ, 구음 - 노

하나 아래 음을 시가만큼 낸다.

☞ 南ㄱ⇨ 南林
　太ㄱ⇨ 太黃

(4) ㅋ, 구음 - 로

두음 아래 음을 시가만큼 낸다.

☞ 汏ㅋ⇨ 汏南

(5) И, 구음 - 나나

하나 위 음과 본음을 같은 시가로 낸다.

☞ 仲И ⇨ 仲 林仲
　 潢И ⇨ 潢 汰潢

(6) 乙, 구음 - 느나

하나 아래 음과 본음을 같은 시가로 낸다.

☞ 南 乙 ⇨ 南 林南
　 淋 乙 ⇨ 淋 㳞淋

(7) Z, 구음 - 느라

두음 아래 음과 본음을 같은 시가로 낸다.

☞ 南 Z ⇨ 南 仲南

(8) h, 구음 - 느니

하나 아래 음과 두음 아래 음을 같은 시가로 낸다.

☞ 林 h ⇨ 林 仲太
　 南 h ⇨ 南 林仲

(9) Ｍ, 구음 - 노라

하나 위 음과 두음 위 음을 똑같은 시가로 낸다.

☞ 仲Ｍ ⇨ 仲林南

(10) ㅋ, 구음 - 모

세음 아래 음을 시가만큼 낸다.

☞ 汰ㅋ ⇨ 汰林

(11) ∽, 구음 - 느나니나

하나 아래 음, 본음, 하나 위 음, 본음을 같은 시가로 낸다.

☞ 南 ∽ ⇨ 南 林南潢南
　 黃 ∽ ⇨ 黃 㑀黃太黃

(12) ∾, 구음 - 니느라니

하나 위 음, 본음, 하나 아래 음, 본음을 같은 시가로 낸다.

☞ 南 ∾ ⇨ 南 潢南林南
　黃 ∾ ⇨ 黃 太黃㑔黃

(13) ∞, 구음 – 느니르나니

하나 위 음, 두음 위 음, 하나 위 음, 본음, 두음 위 음을 같은 시
가로 낸다.

☞ 黃 ∞ ⇨ 黃 太仲太黃仲

(14) C, 다루치기

다루치기란 음을 일시에 끌어올리는 기법이다. 보통 아래 음정
까지 잡았다가 놓으면서 본음을 소리 내는 기법이다. 설명하는 부
분에서 다양한 방법이 있어 잘못 설명하면 헷갈릴 수 있다. 지도하
는 분이나 잘하는 선배 등과 함께 연습하면서 터득해 보도록 하자.

☞ C汰 ⇨ 南의 운지법으로 잡고 있다가 3, 4지공을 동시에 열면
서 본음 汰를 소리 낸다.
☞ C仲 ⇨ 太의 운지법으로 잡고 있다가 1, 2지공을 동시에 열면
서 본음 仲를 소리 낸다.
☞ C潕 ⇨ 淋의 운지법으로 잡고 있다가 2, 3, 4, 5지공을 동시
에 열면서 본음 潕를 소리 낸다.

(15) 〈, 숨표

숨을 짧게 쉬라는 표이다.

(16) △, 쉼표

시가만큼 숨을 쉬라는 표이다.

(17) ▼, 짧게 끊어 내는 표

소리를 짧게 끊어 내는 표이다.

(18) ⌇ , ～, 농음

농음 또는 요성을 말한다. 표기 방법에 따라 굵게 또는 가늘게
흔들어 내는 소리이다. 시작 부분을 굵게 하면서 점점 가늘게 흔들
어 끝내는 방법 등 표시 방법에 따라 다양하게 연주를 한다.
 ※ ⌇ (작은 농음표) - 음을 잔잔하게 흔들어 소리 내는 표이다.
 ※ ⌇ (큰 농음표) - 음을 굵게 흔들어 소리 내는 표이다.
 ※ ⌇ (풀어 내림표) - 아래로 내려갈수록 흔들면서 소리를 풀어
내리는 표이다.

(19) ⌢, 묶음표

여러 개의 음을 묶어서 아주 짧게 연주하라는 묶음표이다.

(20) ↙, 밀어 올림표

대금을 바깥쪽으로 젖히면서 둥글게 이어지는 소리이다. 음이 반음 정도 올려 진다.

(21) ↘, 흘려 내림표

대금을 안쪽으로 끌어 젖히면서 둥글게 이어지는 소리이다. 음이 반음정도 내려 간다.

(22) ㅎ, 혀 치기

혀를 굴려서 치는 것을 말한다.

(23) √, 특강표

해당 음을 강하게 쳐서 소리 내라는 음 표시이다.

(24) 〃, 반복표, 같은 음표

같은 음을 반복하여 표기할 때 사용한다.

(25) 上, 상성표

제 음보다 한음 정도 높게 내는 표이다.

(26) 下, 하성표

제 음보다 한음 정도 낮게 내는 표이다.

(27) ㅡ, 연음표

앞의 음이 계속됨을 말하는 표이다. "ㅡ" 이 표시 자리까지 같은
소리를 내라는 뜻이다.

(28) ㅣ, 덧길이표

표시한 자리 음의 시가를 더해주는 표이다. 보기에 따라 연음표
로도 쓰인다.

(29) ·, 가감표, 반 길이표

붙은 음정에 따라 음의 시가를 가감하는 표이다.

(30) ↑

제 음을 힘차게 소리 내는 표이다.

(31) ㅇ, 지공치기

같은 음정 반복 시에 막지 않은 지공을 손가락으로 치는 표시이다.

(32) 手, 손치기

음의 변화를 주기 위한 기법으로 특정부분에서 손가락으로 지공을 치는 것이다.

(33) ⪯ ⪯, 도돌이표

서양음악에서 사용되는 음표이지만 정간악보에서도 간혹 쓰인다.

⫴ 처음 시작 도돌이표와 끝나는 도돌이표를 말한다.

(34) ⊂, 반음올림표

반음정도 올리는 표이다.

(35) ⊏, 반음내림표

반음정도 내리는 표이다.

(36) ㄴ, 구음 – 니로나

하나 위 음, 본음, 하나 아래 음을 같은 시가로 낸다.

☞ 南 ㄴ ⇨ 南 潢南林

(37) ㅌ, 구음 – 미

세음 위 음을 시가만큼 낸다.

☞ 林 ㅌ ⇨ 林 汰

(38) ⌐, 구음 – 노레나

하나 아래 음, 두음 아래 음, 세음 아래 음을 같은 시가로 낸다.

☞ 林 ⌐ ⇨ 林 仲太黃

(39) ㄴ, 구음 – 니레나

두음 위 음, 하나 위 음, 본음을 같은 시가로 낸다.

☞ 林-ㄴ ⇨ 林-黃南林

(40) un, 구음 - 니라

두음 위 음, 본음을 같은 시가로 낸다.

☞ 林- un ⇨ 林-黃林

(41) 임

연주자 임의로 길게 빼라는 표이다.

(42) ㄱ

위 음에서 아래 음으로 내려올 때 강하게 하다가 약하게 연주하라는 뜻이다.

(43) ㄴ, ∧ 점점 세게

점점 세게 연주하라는 뜻이다.

(44) 無5

無음을 南음 같이 부르라는 뜻이다.

(45) ♮ · **zz**, 반복표(도돌이표)

♮표가 있는 데서부터 **zz**표가 있는 곳까지 다시 반복하여 연주
하라는 표시이다.
※ ♮표를 현대음악에서는 제자리표라 한다.

(46) Ⅴ, 점점 여리게

(47) ♯, 두 배 늘임표

표시된 음을 두 배로 늘려서 소리 내라는 뜻이다.

(48) ♯, 세 배 늘임표

표시된 음을 세 배로 늘려서 소리 내라는 뜻이다.

(49) ㄱ, 도돌이표

"ㄱ"에서 "ㄱ"까지 표시된 부분을 반복하여 연주하라는 뜻이다.

(50) ㅈ•ㄴ 조금 느리게

(51) ㅈ•ㅅ 조금 빠르게

(52) ㅈ•ㅈ•ㄴ 점점 느리게

(53) ㅈ•ㅈ•ㅅ 점점 빠르게

(54) ㅂ•ㅅ 본래 속도로

(55) ♪, 강하게

표시된 음을 강하게 소리 내라는 뜻이다.

(56) ♪, 약하게

(57) ♩, 올림표

반음 올리고자 할 때 음의 위에 붙이는 표이다.

(58) ㄱ, 구음 - 느나니

하나 아래 음, 본음, 하나 위 음을 같은 시가로 소리 낸다.

☞ 黃ㄱ ⇨ 黃 㑀黃太

(59) ㄷ, 구음 - 나니르노니르

“ㅛ” 과 “ㄷ” 를 합쳐서 꾸며 내는 소리를 하라는 뜻이다.

☞ 황 ㄫ ⇨ 黃 㣧太黃仲太

(60) ㅂ, 완전종지표

정간악보 상에서 음악 전체가 완전히 끝났다는 표시이다.

(61) 〳, 약하게

아래 음에서 위 음으로 올라갈 때 강에서 약하게 연주하라는 표
시이다.

(62) ⌒, 이음줄

장식음과 본음을 같이 쓸 때는 “⌒”표를 쓴다.

☞ 汰∧ ⇨ 沖汰

※ 붙임줄 - 높이가 같은 두음을 연결할 때 이를 붙임줄이라 하
며, 붙임줄이 붙은 두음의 길이를 합하여 하나의 음으로 보고 연주
한다.

※ 이음줄 - 음의 높이가 다른 두 개 이상의 음을 연결할 때 이음

줄을 쓰며, 이음줄이 붙은 음들은 부드럽게 이어서 연주한다.

(63) ⫸, 변박표

한 박을 2등분, 3등분 했다는 표시이다.

※ 모든 꾸밈음의 연주는 반드시 제 박 안에서 이루어져야 한다.
박을 벗어나면 엉터리 연주가 되고 말 것이다.

제7절 장식음과 부호 등에 관하여

정간악보 표기에 있어, 한정된 칸 안에 음을 다 표기하기란 쉬운 일이 아니다. 이 때문에 표기 부호나 기호가 생겨난 듯하다. 이렇게 만들어진 부호나 기호 등을 익숙히 읽어 내기란 보통 어려운 게 아니다. 그래서 대부분 색 볼펜 등으로 악보 위에다 음을 풀어서 빼곡히 적어 놓기 일쑤다. 학창시절 국어책에 작은 글씨로 토를 달거나 뜻을 메모해 놓은 경우와 흡사하다. 악보에 표기된 부호나 기호를 보면 별로 반갑지 않다. 이에 대해 숙제처럼 하나하나씩 풀어 가야 하기 때문이다. 특히나 독학하시는 분들은 이 부분에서 더욱 어렵게만 느껴지리라고 본다.

악보상의 부호나 기호는 일종의 약속된 표시라고 볼 수 있다. 경우에 따라서는 통용되지 않는 개인적인 부호나 기호를 만들어 사용할 수 있지 않을까 하는 생각이 든다.

이런 부호나 기호는 아주 세밀하고 고급스런 연주를 기대할수록 더욱 중요해 질 것이라고 생각한다.

대금뿐만 아니라 모든 악기 연주에 있어 장식음 처리는 곡을 살리고 독특한 맛과 환상적인 분위기를 자아낼 수 있다. 환상적인 연주 소리에 감동하여 함성을 지르기도 하고, 눈물을 자아내기도 한다.

제 음가만을 연주한다면 밋밋한 음악이 되고 말거란 생각이 든다.

따라서 장식음이나 부호는 어렵고 귀찮더라도 꼭 공부해 두어야 하며, 친숙해지도록 노력해야 하리라고 본다. 훌륭한 대금연주가가 되기 위한 과정이라고 본다.

제8절 연주 기법

1. 흔들기

대금에서 흔들기는 기본 기법 중의 하나이다. 대금을 흔드는 자세나 방법은 가르치는 사람마다 차이가 있다. 어깨와 팔을 상하 또는 좌우로 흔들기도 하고 머리를 흔들며 온 몸을 사용하는 등 가지각색이다. 흔들기를 놓고 이것이 정당한 방법이라고 설명 했다가는 자칫 다툼으로 이어질 수 있다는 생각이 든다. 흔들기는 대금이 올려진 왼쪽 어깨와 팔을 흔들거나 대금을 잡은 오른손을 동시에 흔들어주는 동작이라 말할 수 있다. 선생님의 지도에 따라 자신에 맞는 흔들기를 익히도록 하자.

2. 꺾기

꺾기는 본음보다 하나 낮은 음을 막을 듯 말듯 살짝 대거나, 본음을 불다가 왼쪽 어깨와 대금을 몸 쪽으로 살짝 굴려 당기면서 반음을 떨어뜨리면 된다. 연주하면서 2도 정도 아래로 빠르게 하강하는 주법을 이르기도 한다.

3. 농음弄音

국악기 연주에서 연주자가 즉흥적으로 내는 꾸밈 음이다. 농음은 처음을 강하게 하고 점점 여리게 소리를 내는 방법과 처음과 동일하게 떠는 방법 두 가지가 있다. 농음에는 퇴성과 추성이 있다. 퇴성退聲은 한 단계 밑의 음으로 내릴 때 사용한다. 추성推聲은 한 단계 위의 음으로 올릴 때 사용한다. 농음의 속도가 빨라지더라도 대금의 중심축이 무너지면 안 된다. 원음을 기준으로 했을 때, 위아래의 폭이 일정해야 한다. 농음의 퇴성과 추성에 있어, 공통점은 음역이 높을 때는 입김이 보다 강하고, 음역이 낮을 때는 입김이 보다 약하다는 것이다. 입김과 팔의 움직임이 일치해야 좋은 소리가 나올 수 있다. 보통 농음을 '요성搖聲'이라고 하는데 '소리를 떨어서 낸다.'는 뜻이다.

대금의 경우, 요성을 할 때 주로 왼팔과 어깨, 나아가 목과 오른손을 모두 흔들게 되는데, 몸의 움직임이 어느 정도 자유롭게 되면 호흡의 떨림이 보태져야 깊은 농음을 할 수 있게 된다.

농음에는 굵은 농음과 가는 농음, 빠른 농음과 느린 농음이 있다.

4. 혀 치기

혀를 굴려서 치는 주법을 말한다. 혀 치기에는 "투, 두, 루" 등이 있다.

5. 다루치기

다루치기란 음을 일시에 끌어올리는 기법이다. 보통 아래 음정까지 잡았다가 놓으면서 본음을 소리 내는 기법이다. 자세한 방법과 설명은 용어해설 편을 참고 바란다.

제9절 대금 공부 방법

대금을 공부하는 방법은 여러 가지가 있다. 우선은 개인교습이 제일 좋으나 경제적인 부담으로 선뜻 선택하기가 어렵다. 그래서 단체로 교습하는 경우가 대부분이다. 그렇다고 독학으로 하기란 쉽지 않다. 또한 권하고 싶지도 않다.

1. 개인교습

어떤 목적이 있는 경우, 목적 달성을 위해 개인교습을 선택한다. 입시 준비생, 경연대회에서 좋은 성적을 목표로 하는 경우, 이 외 다른 목적이 있는 경우 등이다.

2. 단체교습

요사이 저렴한 가격으로 지자체 사업소 등에서 대금교습을 많이 한다. 처음 배우기에는 좋은 배움터이다.

3. 동호회 가입

대금을 어느 정도 익힌 사람들끼리 모여, 동호회를 운영하는 경우가 있다. 이런 단체에 가입하여 대금을 배우거나 연습하는 것도 좋은 방법 중 하나이다.

4. 독학

대금을 혼자 깨우치며 공부하는 경우이다. 대부분 대금교재를 사 보거나 유튜브 등을 이용하여 공부한다.

제10절 연습장소 마련하기

악기연주 뿐만 아니라 음악 자체를 혐오스럽게 싫어하는 사람이 있다. 상식적으로도 밀집 주거지나 아파트 등에서 악기를 연주한다면 소음 민원을 야기할 것이다. 이웃에 조용히 쉬고자 하는 사람, 학생이나 고시생 등은 이런 악기소음에 민감해 질 수밖에 없다. 그렇기 때문에 대금을 열성적으로 연습하기 위해서는 적당한 장소가 선결적으로 마련되어야만 한다.

1. 대금연습 장소

가. 자택

인적이 드문 전원주택이나 세심하게 방음처리 된 단독주택 등을 들 수 있다.

나. 교습 시설

각종 국악기를 가르치는 교습 장소는 대부분 방음 처리된 시설이기 때문에 연습하기에 좋다. 서양악기 음악실도 마찬가지이다. 교습이 아니고 연습만 할 경우에는 사용료를 부담하더라도 양해를 받아 연습장소로 활용해야 한다.

다. 동호인 활동장소

동호인들이 경비를 갹출하여 사용료를 부담하는 형식으로 시설 일부를 임대하는 방법으로 연습장소를 마련한다. 관공서 건물의 이용 시간대에 의한 빈 실이나 개인소유 상가 등을 방음처리 후 연습실로 활용한다. 대개의 경우 지하실이 많다.

라. 공공시설

관공서의 사업소인 복지관 등의 교육실이나 여유 실을 잘 파악하여 활용하면 좋다. 관공서 건물의 장점은 냉난방시설이 잘되어 있고 비교적 조용하여 연습하기에 좋다.

마. 개인 연습실 마련

경제적 여유가 있다면 공유시설이나 사유시설을 임대하여 개인 연습실을 만드는 것이다. 어떤 이는 시골에 하우스를 지어 연습실로 활용하는 경우를 봐왔다. 컨테이너나 농막(이동주택)을 활용하기도 한다.

2, 대금연습에 좋은 조건

가. 방음처리가 잘된 곳이다.

나. 통풍이 잘되고 냉난방이 구비된 환경이 쾌적한 곳이다.

다. 조용하여 적당한 울림이 있으면 더욱 좋다.

라. 경우에 따라 맘에 맞는 동료들이 있다면 서로 의지할 힘이 될 수 있다. 개인마다 취향이 다를 수 있다.

3. 대금연습에 나쁜 조건

가. 소음이 지속적으로 발생하는 장소이다.

나. 악취나 주변 환경이 더러운 곳이다.

다. 혐오 시설 등으로 심리적으로 불안을 느낄만한 곳이다.

라. 민원 등으로 다툼이 예상되는 곳이다.

마. 습기가 차고 밀폐된 공간, 냉난방이 안 된 곳이다.

바. 연습 인원이 너무 많아 혼란스러운 곳이다.

제3장

대금 연주 기본 장단

제3장 대금 연주 기본 장단

대금의 장단 연주는 장구를 사용한다. 고수[1]의 위치는 대금 연주자의 왼쪽에 앉는다.

제1절 장구 장단 부호

장구를 치려면 기본 장단을 알아야 한다. 연습할 때 마다 고수만을 의지한다면 경비도 많이 들고, 연습에 불편을 느낄 뿐이다. 그러나 다음에 나오는 장단을 동호인 모두가 습득하여 서로 간에 장단을 쳐 준다면 좋은 성과가 있으리라고 본다.

장구를 치려면 장단부호와 구음을 이해해야 한다.

(1) ○ (궁)

왼손바닥으로 궁편을 치는 것이다.

(2) ㅣ (따)

열채로 채편을 치는 것이다. 소리장단에서는 〈덕〉 또는 〈떠〉로 읽

---

1) 장구장단을 치는 사람.

기도 한다. 평상시나 연습 시에는 변죽을 치고, 크게 장구소리를 내어야 할 경우에는 복판을 친다.

(3) ⓛ (덩)

궁편과 열편을 동시에 친다. 소리장단 등에서는 "합"으로도 읽는다.

(4) · (더)

열채 끝으로 열편을 살짝 튕기듯이 친다.

(5) ㅇ (구)

궁을 살짝 치는 것이다. 대개 궁의 앞에서 꾸밈 음으로 많이 쓰인다.

(8) i (기덕)

채편의 "따"를 겹쳐 치는 기법으로 장구에서 흔히 쓰인다. 장단반주를 멋있게 하는 기법이다. 이완상태의 근육을 순간적으로 긴장시켜야 하므로 많은 연습이 필요하다.

(9) ◎ (구궁)

소리반주 등에서 흔히 쓰이는 기법이다. 궁을 겹쳐 치는 기법으로 "기덕"의 기법과 비슷하다.

(10) ⊗ (잡고)

소리나 국악기반주 등에서 박 대신 손으로 집고 넘어가는 것을 말한다. 풍물장구의 "웃"이나 비슷하다.

(11) ⊖ (각)

소리 반주 등에서 많이 사용된다. 좌·우 양손을 "덩"과 같이 치되, 오른손이나 왼손을 동시에 잡고 치는 것이다. 탄력적인 울림소리가 생기지 않게 궁편이나 열편의 소리를 순간 잡아 치는 기법이다. 즉 열채 소리가 '딱"하고 둔탁하게 잡히는 소리가 난다. 박의 막음소리이다. 소리 북의 "척"과 같은 역할이라 할 수 있다.

(12) ï (드르덕)

소리반주에서 많이 쓰이는 박 이다. "기덕"의 응용 박으로 "기기덕"처럼 친다.

(13) •⋯ (더러러리)

열채 끝으로 채편을 튕기듯 굴러서 날려 친다. 해당박자 안에서 채끝을 서너 번 치되 첫 번째는 크게, 나머지는 점차 작게 치는 방법으로 연습한다.

제2절 기본 장단

대금산조의 장단은 대개 진양, 중모리, 중중모리, 자진모리 등으로 구성되어 있다. 여기에 나열한 장단은 예시일 뿐이다. 장단은 여러 가지로 변형하여 사용할 수 있다. 장단을 교과서 식으로 나열하기에는 어려움이 있다. 장구 장단은 각 고수의 취향이나 가락의 흐름 등 상황에 따라 달리 치기 때문이다.

1. 진양

순	1	2	3	4	5	6	7	8	9	10	11	12	13	14	15	16	17	18
1	⏀												ǀ			ǀ		
구음	덩												따			따		
2	○												⏀		ǀ	ǀ		ǀ
구음	궁												덩		따	따		따
3	○											○	⊖					
구음	궁											궁	각					
4	○												○	○		○		○
구음	궁												궁	궁		궁		궁

장단은 여러 가지가 있을 수 있다. 여기에서는 아주 간단한 기본 장단을 예시로 들었다. 구음으로 "하나둘셋 → 둘둘셋 → 셋둘셋 → 넷둘셋 → 다섯둘셋 → 여섯둘셋"하며 장단을 칠 수 있겠다. 이는 진양조를 6박으로 나눈 것이며 가락의 구성 순서는 기경결해起景結解 또는 "봄, 여름, 가을, 겨울"로 보았다.

이렇게 이루진 가락을 "마루"로 본다.

2. 중머리

번호	1	2	3	4	5	6	7	8	9	10	11	12
1	①	○			○					○	○	⊖	○		◎
구음	덩	궁	따	궁	따	따	궁	궁	각	궁	웃	구궁
2	①	○			○							○						ï
구음	덩	궁	따	궁	따	따	웃	궁	따	웃	따	드르덕
3	①	○			○						○	⊖				◎
구음	궁	궁	따	궁	따	따	웃	궁	각	웃	웃	구궁
4	①			○					○						◎
구음	덩	둘	셋	궁	둘	셋	웃	궁	따	웃	따	구궁

중머리는 12박으로 나눌 수 있다. 12박을 4개로 나누어 기경결해起景結解로 설명된다. 구음으로 "하나둘셋 → 둘둘셋 → 셋둘셋 → 넷둘셋"으로 장단을 셀 수 있다.

■ 중모리 단순가락으로 치기

번호	1	2	3	4	5	6	7	8	9	10	11	12
1	①				○					○	○			○		○
구음	덩	웃	따	궁	따	따	궁	궁	따	궁	웃	궁

전문 고수가 없는 경우, 동호인들끼리 단순가락으로 쳐보는 것도 좋다.

3. 중중모리

(예시 1)

번호	1	2	3	4	5	6	7	8	9	10	11	12
1	①		|	○	|	|	○	○	⊖	○		○
구음	덩	웃	따	궁	따	따	궁	궁	각	궁	웃	궁

(예시 2)

번호	1	2	3	4	5	6	7	8	9	10	11	12
1	①		|	○	|	|	○	○	|	○		○
구음	덩	웃	따	궁	따	따	궁	궁	따	궁	웃	궁

　위의 예시처럼 단순가락으로 쳐도 된다. 숙달이 되면 중간 가락을 적당히 빼고 쳐볼 수도 있다. 박자를 명확히 해야 할 때는 장단을 생략하면 오히려 혼선이 올 수 있기 때문에 연주자가 알아들을 수 있게 또박 또박 짚어 주어야 한다.

　대금 연주자라면 장단의 흐름을 필히 알아두어야 대금 산조를 연주하기에 도움이 되고 편할 수 있으며, 정확한 박을 구사할 수 있다.

4. 자진모리

번호	1	2	3	4	5	6	7	8	9	10	11	12
1	①		|	○		|	○		|	○	|	
구음	덩		따	궁		따	궁		따	궁	따	
2	|	○		|	○		○		⊖			
구음	따	궁		따	궁		궁		각			

　※ 2번 가락은 맺음 가락으로 쓰인다.

■ 자진모리 단순가락으로 쳐보기

번호	1	2	3	4	5	6	7	8	9	10	11	12
예시 1	①	ǀ		○		○	○	ǀ		○	ǀ	
구음	덩	따		궁		궁	궁	따		궁	따	
예시 2	①		ǀ	○	ǀ	ǀ	○		ǀ	○	ǀ	
구음	덩		따	궁	따	따	궁		따	궁	따	

※ 자진모리장단을 단순가락으로 연주할 가락은 더 있다. 자신에 맞는 가락을 선택하여 익혀 두도록 하자.

제4장

대금 관리법

제4장 대금 관리법

제1절 보관법

대금은 대나무로 된 악기이기 때문에 열이나 습도에 민감하다. 대금이 열을 받아 바짝 마르면 대금이 터지거나 뒤틀리는 등 부작용이 일어날 수 있다. 대금에 습기가 찰 경우에는 대금 소리에도 영향이 갈 수 있다. 따라서 대금은 직사광선이 들지 않고 바람이 잘 통하는 곳에 보관하여야 한다. 열기구 옆이나 습기가 많은 장소는 피해야 할 것이다.

비싼 대금을 소홀히 관리해서 문제가 생긴다면 재산적 손해도 있지만, 소리가 잘 나고 자신에게 딱 맞는 대금을 잃는다면 얼마나 가슴 아프겠는가? 대금도 내 몸처럼 소중하게 관리하고 사랑하여야 할 것이다.

1. 평상시 대금 보관 방법

평상시에는 대금 좌대를 구입하여 보관하거나 벽 등에 선반처럼 만들어서 올려놓고 보관하는 방법이 있다. 혹시라도 따뜻한 방바닥이나 여름철 뜨거운 승용차 속 등은 피해야 할 것이다. 열기구 등이 있거나 습기가 많은 장소 등도 피해야 한다.

2. 사용(연주) 후 관리법

대금을 연주하고 나면 입에 침의 분비 등으로 대금 내부가 더럽혀져 있게 마련이다. 연주가 끝나면 깨끗한 무명 천류나 악기청소용 천류를 구입하여 두었다가 잘 닦아 보관하여야 한다. 침은 부식 환경을 만들고 곰팡이 등이 발생할 조건을 만들 수 있으므로 연주 후에는 반드시 청소해 두는 것을 잊지 않아야 한다. 나의 경우에는 대금 취구와 아랫입술 부분의 마찰로 자주 상처가 났다. 그래서 취구 부분을 소독제 등으로 닦아 주고 있다. 대금 내부를 닦는 방법으로 천에 줄을 묶어 취구에 넣은 다음, 대금 끝에서 줄을 잡아당기는 방법이 있다. 다른 방법으로는 군대에서 사용하는 총의 꼬질대처럼, 천을 꼬질대의 끝 귀에 천 조각을 끼워 넣고 닦아내는 방법이 있다.

3. 이동 중의 보관

교습이나 동호인 활동 또는 공연 등으로 대금을 소지할 경우에는 대금가방을 이용한다. 다른 대금이나 소품이 함께 있는 경우에는 대금에 충격을 방지하기 위하여 면수건 등으로 감싸 놓아야 한다. 혹여나 서로 부딪쳐서 일어날 수 있는 사고를 방지하기 위함이다. 면 수건은 겨울철에 대금을 보온해주는 역할도 한다.

4. 충격 주의

대나무는 충격에 약하다. 높이 올려둔 대금이 떨어지거나 이동 시 다른 단단한 물체와 부딪치면 깨질 우려가 있다. 대금 취급에 항상 주의하여야 한다.

제2절 정기적인 서비스

대금을 많이 사용하는 경우에는 연 1회 정도 대금 서비스를 받으면 좋다. 어떤 대금인은 큰 행사 공연이나 정기 연주회 등 중요 행사를 앞두고는 대금 서비스를 받는다고 하였다. 대금 서비스를 하는 곳은 대금제작소나 대금 등 악기를 관리해 주는 업소를 말한다. 대금 서비스 업체를 방문하여 대금청소, 내부 칠 보수, 대금 외부상태 점검, 대금 청 상태 등을 점검 또는 서비스 받도록 한다.

제3절 청 관리

1. 청의 유래와 채취

청이란 갈대 속에 붙어있는 얇은 막膜을 말한다. 청은 취구와 지

공 사이에 있는 청공에다 붙인다. 청은 대금 소리를 더욱 신비하고
도 생명력 있는 소리로 만들어 내는 구실을 한다. 청에 대한 기록은
조선조 9대 성종成宗때 만들어진 악학궤범樂學軌範(1493年) 권7의 향
부악기 대금조條의 악기도설에 청공이 나와 있는 것으로 보아, 청이
쓰인 것은 조선조로 기록되어 있지만, 고려시대까지 그 유래를 추
측해 볼 수 있다.

청은 음력으로 5월 단오端午날을 기준으로 약 1주일가량이 채취
에 알맞은 시기로 본다. 이때가 되어야 갈대 속에 수분水分이 올라와
청을 뽑아내기 쉽기 때문이다.

갈대는 산에서 자라나는 갈대와 늪지나 강가에서 자라나는 갈대
로 구분이 되며, 청은 늪지나 강가에서 자라나는 갈대를 채취하여
사용한다.

청을 채취할 때 필요한 도구나 물품은 낫, 칼(면도날처럼 생긴
칼), 전정가위, 가느다란 막대(빨대를 쓰기도 함), 채취한 청을 담을
통, 장화, 장갑, 수건, 모자 등이 있다. 갈대의 청 채취 순서는 다음
과 같다.

(1) 낫이나 전정가위 등을 이용하여 갈대 밑 부분을 자른다.

(2) 갈대의 마디와 마디 사이를 칼로 자른다.

(3) 칼로 연필을 깎듯이 돌려가며 갈대의 속껍질(흰 부분)과 갈대
가 분리되도록 조심히 깎는다.

(4) 흰 청 부분을 손으로 말아서 청과 갈대가 떨어지도록 한다.

(5) 가는 막대나 음료수 빨대 등을 이용해서 청을 반대편으로 밀
어 청이 분리되도록 한다.

(6) 갈대 속의 청이 뒤집혀 지면서 뽑힌다.

(7) 이때 청에 물기가 있어 서로 붙기 때문에 공기를 집어넣어 청을 부풀린 다음 통에 담는다.

(8) 이렇게 채취된 청은 열熱처리를 통하여 질기게 만든다. 열처리 과정으로는 청을 깨끗한 손수건 위에 놓고 싸서 뜨거운 김으로 찐 다음에 냉동실에다 하루 정도 넣어 놓는다. 이런 과정을 몇 번 번갈아 하여야 만이 질겨져서 청아한 소리를 만들어 내는 청이 된다고 한다. 청의 열처리 방법은 사람마다 다소 다를 수 있다.

※ 청 채취 작업 장면을 직접 견학해 보거나 경험자들과 직접 실습해 보도록 하자.

2. 청 붙이기

청을 잘 붙이는 것도 기술이라 볼 수 있다. 청 붙이는 것을 두려워하거나 귀찮게 생각하지 말고 과감하게 연습해 보는 것이 좋다. 아름다운 대금 소리를 판가름하는 기회이기 때문이다. 처음에는 많이 붙여보면서 시행착오를 겪어보는 게 좋다고 본다. 청 붙이는 순서는 다음과 같다.

(1) 청공의 기존 청을 제거하고 말끔하게 닦아낸다.

(2) 청을 청공에 갖다 대 보고 붙일 만큼 여유 있게 자른다.

(3) 청을 반으로 갈라 넓게 만들어 물에 담근다.

(4) 아교에 물을 묻혀 청공 주위를 골고루 문질러서 끈끈한 접착력을 갖게 한다. 이때 물은 미지근한 물이 좋다. 아교 대신 문구점의

물풀을 사용할 수도 있다.

(5) 물에 젖은 청을 꺼내어 **털이 있는 면을 위로** 오게 한 후 청공 위에 올려 놓는다.

(6) 손수건 등을 이용하여 청을 팽팽하게 펴 옆에서 보아 수평이 되도록 고정한다. 이때 청이 청공의 깊이와 비슷하게(오목하게) 붙여져야 좋다. 청의 붙임에 따라 청아하고 오묘한 대금소리를 만들 수도 있고 못 만들 수도 있다.

3. 청 관리

청은 습기에 민감하다. 대금을 연주하기 전에 반드시 확인하여야 하는 것이 청이다. 습기가 없어 쭈글쭈글하여도 안 되고, 물기에 젖어도 소리가 나지 않는다. 대개는 침으로 이를 해결하고 있다. 대금 연주 전에 많이 보는 모습이다.

청 관리를 위해 청가리개를 활용한다. 사용하지 않을 때에는 청가리개로 가려 놓아야 하고, 연주 시에는 열어 놓아야 한다. 청가리개로 청의 떨림 상태를 조절하기도 한다.

제5장

연습곡 모음

제5장 연습곡 모음

연습곡으로는 동요를 빼놓을 수 없다. 동요는 초등학교시절 배운 노래들이라 쉽게 접근할 수 있으리라고 본다. 초보자 연주에 필요하다고 본다. 다음으로 가곡을 실었고, 그다음으로 민요, 대중가요, 대금 창작곡 등을 실었다. 여기에서는 산조대금 6관청 악보만을 다루었다.

지금의 현대음악 오선지 악보를 정간악보로 바꾸는 데는 어려움이 많다. 이를 이유로 대부분 정간악보를 그리지 않고 오선지 악보상에 대금의 정간 음을 표기하거나 오선지 음보와 정간 음보를 대비 훈련하여 바로 오선지 악보를 보면서 현대음악을 연주하는 이도 있다. 따라서 정간 악보상의 박을 그대로 인식하려 하지 말고 실제 음악의 반주 음에 맞춰 연습함이 현명하다고 본다.

오선악보에 의한 노래를 정간악보로 옮기려면 박의 개념을 기본적으로 알아야 한다. 여기에서 기본적인 박의 계산법을 살펴보자. 정간악보의 각 칸 안에도 박이 있다. 이미 만들어진 정간악보를 가지고 오선악보와 비교하면서 박에 대하여 공부하면 된다.

(1) ◯(온음표) - 4박

   ◯ = ♩ + ♩

     = ♩ + ♩ + ♩ + ♩

(2) ♩(2분음표) - 2박

   ♩ = ♩ + ♩

(3) ♩(4분음표) - 1박

   ♩ = ♪ + ♪

(4) ♪(8분음표) - 1/2박(반박)

   ♪ = ♪ + ♪

(5) ♪(16분음표) - 1/4박

(6) ♪(32분음표) - 1/8박

(7) ♩.(2분음 점음표) - 앞 음표의 반 길이만 추가

   ♩. = ♩ + ♩

(8) ♩.(4분음 점음표) - 앞 음표의 반 길이만 추가

   ♩. = ♩ + ♪

     = ♪ + ♪ + ♪

(9) ♪. (8분음 점음표) – 앞 음표의 반 길이만 추가

　　♪. = ♪ + ♪

(10) ▬ (온쉼표) – 4박자

(11) ▬ (2분쉼표) – 2박자

(12) ⅔ (4분쉼표) – 1박자

(13) ⅞ (8분쉼표) – 1/2박자

(14) ⅞ (16분쉼표) – 1/4박자

(15) ♫♪, 셋잇단음표

1박(♩)의 길이를 1/3로 나누어서 연주하라는 뜻이다.

※ 음표의 명칭(참고)

① 머리 ② 기둥 ③ 꼬리 ④ 점

제1절 동요(6관청)

1. 학교 종

潢	선	潢	학
潢	생	潢	교
汰	님	汰	종
汰	이	汰	이
潢	우	潢	땡
潢	리	潢	땡
南	를	南	땡
潢	기	潢	어
南	다	潢	서
林	리	南	모
南	신	南	이
仲	다	林	자

2. 산토끼

沖	깡	潢	산
潢	충		
沖	깡	南	토
潢	충	南	끼
沖	뛰	潢	토
潢	면	南	끼
南	서	仲	야
潢	어	林	어
林	디	南	디
無	를	林	를
南	가	仲	가
林	느	南	느
仲	냐	潢	냐

3. 개나리

潢	병	潢	나
南	아	南	리
潢	리	潢	나
南	떼	南	리
潢	뽕	潢	개
汰	뽕	汰	나
潢	뽕	潢	리
沖	봄	南	입
汰	나	潢	에
潢	들	南	따
南	이	仲	다
林	갑	林	물
南	니	南	고
仲	다	林	요
△			

4. 비행기

滋	높	滋	떳
汰	이	汰	다
潢	높	潢	떳
汰	이	汰	다
滋	날	滋	비
滋	아	滋	행
滋	라	滋	기
汰	우	汰	날
汰	리	汰	아
滋	비	汰	라
汰	행		
潢	기	滋	날
		滋	아
		滋	라

5. 꼬마 눈사람

<table>
<tr><td>南</td><td>거</td><td>汰</td><td>눈</td><td>潢</td><td>한</td></tr>
<tr><td></td><td></td><td></td><td></td><td>南</td><td>겨</td></tr>
<tr><td>潢</td><td>울</td><td>淋</td><td>썹</td><td>潢</td><td>울</td></tr>
<tr><td>汰</td><td>을</td><td>㳞</td><td>이</td><td>南</td><td>에</td></tr>
<tr><td>㳞</td><td>보</td><td>汰</td><td>우</td><td>潢</td><td>밀</td></tr>
<tr><td>㳞</td><td>여</td><td>汰</td><td>습</td><td>南</td><td>짚</td></tr>
<tr><td>汰</td><td>줄</td><td>潢</td><td>구</td><td>仲</td><td>모</td></tr>
<tr><td>潢</td><td>까</td><td>南</td><td>나</td><td>林</td><td>자</td></tr>
<tr><td>汰</td><td>꼬</td><td>林</td><td>코</td><td>南</td><td>꼬</td></tr>
<tr><td>潢</td><td>마</td><td>仲林</td><td>도</td><td>仲</td><td>마</td></tr>
<tr><td>南</td><td>눈</td><td>南</td><td>삐</td><td>㳞</td><td>눈</td></tr>
<tr><td>林</td><td>사</td><td>南</td><td>뚤</td><td>汰</td><td>사</td></tr>
<tr><td>仲</td><td>람</td><td>林</td><td>고</td><td>潢</td><td>람</td></tr>
</table>

6. 고드름

仲	각	潢	고	南	고
南	시	-汰	드	林	드
潢	방	潢	름	仲	름
				△	
南	영	南	따	太	고
潢	창	潢	다	-仲	드
汰	에	南	가	黃	름
潢	달	林	발	南	수
-南	아	-仲	을	潢	정
林	놓	太	엮	仲	고
黃	아	仲	어	林	드
仲	요	黃	서	南	름
△		△		△	

122

7. 퐁당퐁당

林	우	汰	건	汰	넷	仲	퐁
南	리	-汰	너		물	林	당
仲	누	潢	편	潢	아	南	퐁
南	나	汰	에	南	퍼	南	당
潢	손	沖	앉	汰	저	仲	돌
潢	등	沖	아		라	南	을
潢	을	沖	서	潢	멀	潢汰	던
		△		南	리	潢	지
林	간	潢	나	林	멀	仲	자
南無	지러	-潢	물	林	리	林	누
南	주	南	을	仲	퍼	南	나
林	어	林	씻	林	저	南	몰
仲	라	仲	는	南	라	仲	래
				潢		南	돌
				潢		潢汰	을
△	△	△				潢	던
							지
							자

8. 고향의 봄

滴	그	林	울	潢	복	潢	나
滴	속	林	긋	潢	숭	潢	의
淋	에	南	불	淋	아	南 無	살
淋	서	仲	긋	淋	꽃	潢	던
沖	놀	林	꽃	沖	살	汰	고
淋 沖	던			淋 沖	구	汰	향
汰	때	南	대	汰	꽃	潢	은
汰	가	潢	궐				
潢	그	汰	차	潢	아	潢	꽃
潢	립	沖	리	潢	기	沖	피
潢	습	滴	인	潢	진	滴	는
南 林	니	淋 沖	동	南 林	달	淋 沖	산
仲	다	淋	네	仲	래	淋	골
△		△		△		△	

9. 산바람 강바람

가사	율명 (정간보)
산 위에서 부는 바람 서늘한 바람	潢 / -汰 潢南 / 林 / -南 林仲 / 南 / -潢 沖汰 潢 / △
그 바람은 좋은 바람 고마운 바람	南 / -潢 沖潢 / 汰 / -潢 南仲 / 林 / -無 南林 / 仲 / △
여름에 나무꾼이 나무를 할 때	林 / 仲林 / 南 / -南 潢潢 / 無 / -南 林仲 / 潢 / △
이마에 흐른 땀을 씻어 준대요	南 / -潢 沖潢 / 汰 / -潢 南仲 / 林 / -無 南林 / 仲 / △

10. 고향땅

冲	고	林	아	汰	푸	潢	고
-冲	향	南	카	汰	른	南	향
潢	에	無南	시	潢	하	仲	땅
南	도	林	아	-南	-늘	-林	-이
汰	지	南仲	흰	仲林	끝	南無	여
汰	금	汰	꽃	南汰	닿	潢汰	기
潢	쯤	潢	이	潢	은	潢	서
汰㴌	뻐	汰	바	無	저	南	얼
冲南	꾹	汰㴌	람	南仲	기	南潢	마
林	새	冲	에	林	가	冲	나
林	울	㴌汰	날	林南	거	汰	되
仲	겠	㴌	리	仲	긴	潢	나
	네		니		가		
△		△		△		△	

11. 어머님 은혜

가사(1): 높고 높은 하늘이라 말들 하지만
율명(1): 南 － 無 潢 － 冲 冲 湳 汰 潢 汰 － 潢 潢 無 南 林 － － △

가사(2): 나는 나는 높은 게 또 하나 있지
율명(2): 南 － 無 潢 冲 冲 湳 汰 潢 汰 － 潢 無 南 林 仲 － － △

가사(3): 낳으시고 기르시는 어머님 은혜
율명(3): 林 － 林 潢 － 無 南 林 仲 林 南 － 南 無 潢 汰 潢 － － △

가사(4): 푸른 하늘 그보다도 높은 것 같애
율명(4): 冲 － 冲 湳 － 汰 潢 汰 潢 南 汰 － 汰 潢 汰 湳 冲 － － △

12. 섬 집 아기

<table>
<thead>
<tr><th></th><th></th><th></th><th></th><th></th><th></th><th></th><th></th></tr>
</thead>
<tbody>
<tr>
<td>淋 潗 汰
潢 汰 潗
南
一 一 △</td>
<td>팔 베 고
스 르 르
르</td>
<td>汰 汰
潢 汰 潗
潢
一 一 △</td>
<td>바 다 가
불 러 주
는</td>
<td>林 潢 汰
潢 汰 潢
汰
一 一 △</td>
<td>아 기 가
혼 자 남
아</td>
<td>林 潢 汰
潢 汰 潢
汰
一 一 △</td>
<td>엄 마 가
섬 그 늘
에</td>
</tr>
<tr>
<td>林 - 潢
無 潢 汰
潢
一 一 △</td>
<td>잠 이 듭
니 다</td>
<td>湳 - 湳
淋 - 湳
汰
一 一 △</td>
<td>자 장 노
래 에</td>
<td>湳 - 潢
汰 南 無
潢
一 一 △</td>
<td>집 을 보
다 가</td>
<td>潢 - 潢
汰 潢 南
林
一 一 △</td>
<td>굴 따 러
가 면</td>
</tr>
</tbody>
</table>

13. 반달

가사	율자보
푸 른 하 늘 은 하 수 하 얀 쪽 배 에	潢 - 汰 潢 - 南 潢 南 仲 黃 大 - 仲 林 - 潢 南 - - - △
계 수 나 무 한 나 무 토 끼 한 마 리	潢 - 汰 潢 - 南 潢 南 仲 黃 大 - 仲 黃 - 林 仲 - - △
돛 대 도 아 니 달 고 삿 대 도 없 이	南 - 南 林 南 - 汰 潢 南 - 林 南 - 汰 潢 - - △
가 기 도 잘 도 간 다 서 쪽 나 라 로	沖 潢 - 潢 南 - 南 汰 - 汰 潢 南 仲 潢 - 林 仲 - - △

14. 오빠 생각

<table>
<tr>
<td>南
-南
南林仲
太太仲
黃
黃仲南
林
-潢
仲
-
-
△</td>
<td>비
단
구
두
사
가
지
고
오
신
다
더
니</td>
<td>汏
-汰
汰
-汰
潢
-南
潢
南
-南
南潢南
林
-
-
△</td>
<td>우
리
오
빠
말
타
고
서
울
가
시
면</td>
<td>仲
-南
潢
-沖
汏
-沖
潢
汏
-潢
林南林
仲
-
-
△</td>
<td>뻐
국
뻐
국
뻐
국
새
숲
에
서
울
제</td>
<td>仲
-南
潢
-沖
汏
-沖
潢
汏沖汏
潢
-南
林
-
-
△</td>
<td>뜸
북
뜸
북
뜸
북
새
논
에
서
울
고</td>
</tr>
</table>

15. 등대지기

														林	얼
潢	랑	淋	룩	沖	키	汰	각	潢	으	淋	겨	潢	결	淋	어
潢	의	淋	하	淋	는	汰	하	潢	는	淋	울	潢	위	淋	붙
應	마	淋	고	淋	사	汰	라	應	작	淋	의	潢	에	淋	은
潢		汰		汰	람			潢	은			汰			
汰	음	潢	아	潢	의	汰	저	汰	섬	潢	거	淋	자	潢	달
潢	을	汰	름	汰		淋	등	潢		汰	센	汰	고	汰	그
		淋								淋				潢	
		南	다			淋	대			南	파			南	림
△		林	운	△		淋	를	△		林	도	△		林	자
		林	사	林	거	淋	지	潢	생	林	모	林	한	林	물

제2절 가곡(6관청)

1. 애국가

가사	율명	가사	율명	가사	율명	가사	율명
동	林	하	淋	무	無	대	淋
해	潢	느	—沖	궁	—潢	한	—沖
물	—無	님	㳞	화	汰	사	㳞
과	南	이	汰	삼	無	람	汰
백	潢	보	潢	천	㳞	대	潢
두	林	우	無南	리	—沖	한	無南
산	姑	하	林	화	淋	으	林
이	林	사	姑	려	㳞	로	姑
마	潢	우	林	강	汰	길	林
르	汰㳞	리	潢	산	潢	이	潢
고	沖	나	汰汰		無	보	汰汰
닳	—㳞	라	㳞		潢	전	㳞
도	汰	만	潢		汰	하	潢
록		세				세	
	△		△		△		△

2. 그 집 앞

가사	율명	가사	율명	가사	율명	가사	율명
오	南	그	仲	오	㳞	되	南
가	一林	리	林	히	一汰	오	一仲
며	仲	워	南	려	汰	면	潢
그	林	나	無	눈	潢	그	㳞汰
집	無	도	南	에	一南	자	潢南
앞	南	몰	林	띌	林	리	仲
을	林	래	仲	까	仲	에	
지	仲	발	太	다	汰	서	南
나	南	이	南	시	一潢	졌	黃
노	林	머	林	걸	無	습	太
라	仲	물	仲	어	汰	니	姑
면	黃	고	潢	도	林	다	仲
	△		△		△		△

3. 어머니의 마음

정간보(세로쓰기, 오른쪽에서 왼쪽으로 읽음). 각 행은 노랫말과 그에 대응하는 율명(정간) 칸으로 이루어진다. 아래 표는 노래 순서대로(오른쪽 행부터) 노랫말과 율명을 옮긴 것이다. (/ : 정간 칸 구분, | : 강(强) 구분, - : 지속 표시, △ : 쉼)

노랫말	율명 (정간보)
낳실제 괴로움 다 잊으시고	黃 / 太 / 仲 | 南 / -林 / 仲林 | 汰 / -潢 / 汰潢 | 南 / / 仲
기를제 밤낮으로 애쓰는 마음	林 / -林 / 南林 | 仲 / -仲 / 林仲 | 太 / -仲 / 太仲 | 黃 / / △
진자리 마른자리 갈아 뉘시며	黃太仲 / 太 / 仲-林 | 南 / 仲 / 林 | 仲林 / 南仲 / 太 | △
손발이 다 닳도록 고생하시네	仲-太 / 黃 / 仲 | 林南汰 / 潢 / 南 | 林南 / 潢南 / 林黃太 | 仲 / / △
하늘아래 그 무엇이 넓다 하리요	沖-汰 / 潢 / 南 | 汰汰汰 / 潢 / | 南 / -汰 / 潢南 | 林 / / △
어머님의 희생은 가이없어라	南-無 / 潢 / 南 | 仲林南 / 仲 / 太 | 黃 / -太 / 黃林 | 仲 / / △

4. 보리밭

가사	율명 (위 → 아래)
보 리 밭 사 잇길 로	南 / 潢南 / 林 / 無 / 汰潢 / 無
걸 어가 면 뉘 부르 는	林 / 無潢 / 南 / 汰 / 無冲湤汰潢 / 南
소 리 있 어 나 를 멈 춘 다	無 / 林湤汰無 / 潢 / 無 / 南 / 潢南 / 南林 / 仲
옛 생각 이 외 로 워	冲 / 滴淋冲汰 / 汰 / 淋 / 湤冲淋滴
휘 파 람 불 면 고 운 노 래	潕淋汰 / 滴淋冲汰潢 / 南 / 潢南林
귓 가에 들려 온 다	無 / 汰潢 / 南 / 汰 / 潢 / 無 / 南無林 / 潢
돌 아보 면 아 무 도	冲 / 滴淋冲 / 汰 / 淋 / 湤冲淋 / 滴
뵈 지 않고 저 녁 놀	潕 / 淋 / 汰 / 滴淋冲汰潢 / 南 / 潢南 / 林
빈 하늘 만 눈 에 차 누 나	無 / 汰潢 / 南 / 汰 / 潢 / 汰 / 冲 / 冲

5. 선구자

汰	지	南	지	淋s	말	潢	지	沖	천	仲	한	沖	늙	仲	일
滋		無				潢		滋		南		滋		南	
沖	친	無	금	淋	달	潢	난	汰	년	潢	줄	汰	어	潢	송
淋	꿈	南	은	湳	리	沖	날	潢	두	沖	기	潢	늙	沖	정
		無													
潢	이	應	어	沖	던		강		고		해		어		푸
湳	깊	潢	느	汰	선	潢	가	汰	흐	湳	란	沖	갔	湳	른
				滋		潢		無		淋		潢		淋	
淋s	었		곳	沖	구	潢	에	南	른	沖	강	無	어	沖	솔
沖	나		에	潢	자	湳	서	林	다	潕	은	南	도	汰	은
								仲				林			
△		△													

6. 비목

정간보 (세로읽기: 오른쪽에서 왼쪽으로). 각 음표열 옆에 노랫말이 붙어 있다.

(汰)		(仲)		(南)		(黃)	
汰	워	△仲	먼	△南	비	△黃	초
		林仲		南南	바	南林	연이
汰	마	姑	고	沖沖	람	仲	쓸
汰汰	디	-大	향	潢汰	긴	姑仲	고
南	마	黃仲	초	潢	세	林南	간
	디	林無	동	汰汰	월	無南	깊
		南	친	汰	로	林	은계
潢汰	이	南南	구	潢汰	이	林南	곡
南	끼	沖	두	南	름	無	깊은
-林	되	潢	고	-林	모	-汰	계
姑太	어	淋沖	온	姑太	를	潢	곡
黃林	맺	潢	하늘	黃林	이름	林夷	양
仲	혔		가	仲	모를	南	지녘
					비		에
			그		목이		
△	네	沖潢	리	△	여	△	

※ 夷음은 林보다 반음 높은 음으로, 林에서 반 구멍을 띄는 식으로 음을 만든다. 이 노래의 흐름 상 汰음이 반음 내려야 할 경우가 있다. 이때는 汰에서 반 구멍을 더 막는 방식으로 음을 만든다.

반음 올리거나 내릴 때는 지공을 반쯤 막아 음을 만드는 경우도 있지만, 다른 방법으로는 취구에서 제껴 불거나 당겨 부는 방법도 있다.

비목碑木은 "죽은 이의 신원 따위를 새겨 무덤 앞에 세우는 나무로 만든 비碑"를 뜻한다. 노랫말 속에 나오는 비목은 6.25전쟁 당시 산화한 무명용사의 돌무덤 앞에 세워진 것으로 1960년대 육군 소위로 DMZ에서 근무하던 한명희씨가 이를 발견하여 작사하고 장일남이 작곡하였다.

제3절 민요(6관청)

1. 아리랑

南	십	滋	나	南	아	姑	아
-無	리		를	-無	리	-仲姑-仲	리
南無	도	滋	버	南無	랑	南	랑
潢無	못	滋沖滋	리	潢無	고	-無南無	아
南仲	가	潢無	고	南仲	개	潢	리
姑仲	서	南無	가	姑仲	로	無潢無南-仲	랑
南	발	潢	시	南	넘	姑	아
-無	병	無南武南-仲	는	-無	어	-仲姑仲	라
南	난	姑	임	南	간		리
南	다	-仲姑仲	은	△	다		요
△							

민요를 음정대로 불면 재미가 없다. 꾸민 음을 넣어 기교를 부려보자.

2. 밀양 아리랑

潢潢	아	仲姑	아리	潢潢	동지	沖沖	날좀
無南	리	仲南	아리	無-南	섣달	滋沖滋	보
仲南	랑	仲	랑	仲南		潢	소
潢潢	고	仲姑	쓰리	潢潢	꽃본	沖沖	날좀
無滋	개	仲南	쓰리	無-滋	듯	滋沖滋	보
潢無	로	仲	랑	潢-無	이	潢	소
南	날	沖沖	아라	南	날	沖沖	날
南無南	넘겨	滋沖滋	리가	南無南	좀	滋沖滋	좀
仲-姑	주	潢無潢	났	仲-姑	보	潢無潢	보
仲	소	滋	네	仲	소	滋	소
-南		-湳		-南		-湳	
仲		沖滋		仲		沖滋	오

3. 진도 아리랑

南南	구부	南潢	문	姑	아	姑-南	아리
南	야	潢-	경	--南	리	姑-南	아리
潢				南	랑	南	랑
湳潢	구부	潢	세	南	응	姑-南	쓰리
潢無	구부	潢	재	南	응	姑-南	쓰리
南	야	湳潢無	는	潢	응	南	랑
南潢	눈물	南	웬	南潢	아라	南南	아라
湳潢	이	潢湳	고	湳	리가	南潢	리가
姑	로	潢無	개	潢姑		潢無	
南	구	南	인	南	났	南	났
南	나	姑	고	南	네	-潢	
△		△		△		潢湳	네

4. 노들강변

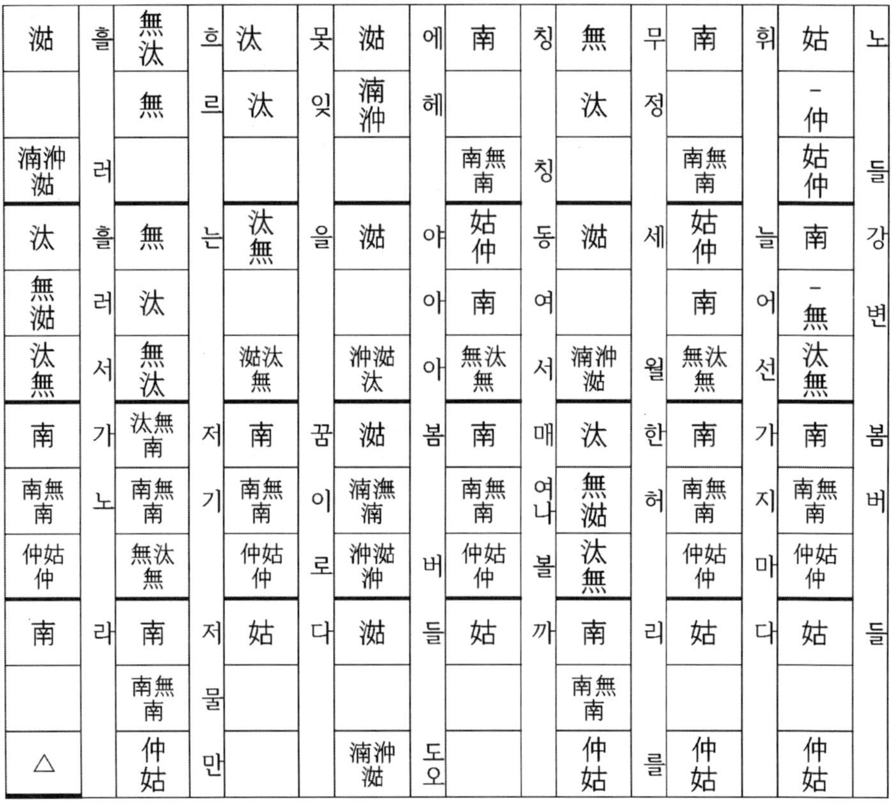

(정간보 — 오른쪽에서 왼쪽으로 읽는다. 각 노랫말 칸 왼쪽이 그 가락이다.)

노들강변봄버들		휘늘어선가지마다		무정세월한허리를		칭칭동여서매여나볼까	
노	姑	휘	南	무	無	칭	南
	－仲			정	汰		
들	姑仲		南無南			칭	南無南
강	南	늘	姑仲	세	滋	동	姑仲
	－無	어	南	월		여	南
변	汰無	선	無汰無		滴沖滋	서	無汰無
봄	南	가	南	한	汰	매	南
버	南無南	지	南無南	허	無滋	여	南無南
	仲姑仲	마	仲姑仲		汰無	나	仲姑
들	姑	다	姑	리	南	볼	姑
					南無南		
	仲姑		仲姑	를	仲姑	까	

에헤야아아봄버들도오		못잊을꿈이로다		흐리는저기저물만		흘러흘러서가노라	
에	滋	못	汰	흐	無汰	흘	滋
헤	滴沖	잇	汰	리	無		
						러	滴沖滋
야	滋	을	汰無	는	無	흘	汰
아					汰	러	無滋
아	沖滋汰		滋汰無		無汰	서	汰無
봄	滋	꿈	南	저	汰無南	가	南
버	滴潕滴	이	南無南	기	南無南	노	南無南
	沖滋沖	로	仲姑仲		無汰無		仲姑仲
들	滋	다	姑	저	南	라	南
도				물	南無南		
오	滴沖滋			만	仲姑		△

※ 민요 맛을 살리려면 꾸민 음을 많이 활용해야 한다. 자신의 입맛에 맞는 기교와 꾸민 음을 맘껏 넣어서 연주해 보자. 민요는 악보마다 표기가 조금씩 다르다. 반주 음에 맞춰 악보를 일부 수정하는 것이 좋다고 본다.

제4절 대중가요(6관청)

1. 고향무정

구분	내용 (위 → 아래)
왼쪽 1열 (율자보)	潢 / 汰應 / 南 / 太姑 / 林
2열 (가사)	초 / 에 / 묻 / 혀있 / 네
3열 (율자보)	瀝 / 湳瀝 / 湳淋 / 潢 / 淋湳 / 淋潢 / 汰 / 應南 / 林 / -姑 / 太 / 林南應 / 汰 / 淋
4열 (가사)	골 / 짝 / 엔 / 물 / 이 / 마 / 르 / 고 / 기 / 름 / 진 / 문 / 전 / 옥 / 답 / 잡
5열 (율자보)	南 / 應汰 / 應南 / 林林 / 南應 / 汰潢 / 汰 / △應 / 汰潢 / 淋湳 / 瀝瀝 / 湳淋 / 潢淋 / 湳△ / 汰
6열 (가사)	지 / 금 / 은 / 어 / 느 / 누 / 가 / 살 / 고 / 있 / 는 / 지 / 지 / 금 / 은 / 어 / 느 / 누 / 가 / 살 / 고 / 있 / 는 / 지 / 산
7열 (율자보)	△林 / 林南 / 應汰 / 淋湳淋沖 / 潢 / 汰 / 淋 / 潢汰 / 應 / 南無南林 / 林
8열 (가사)	그 / 옛날내가 / 살 / 던 / 고 / 향 / 이 / 있 / 었건 / 만
9열 (율자보)	△汰 / 汰潢 / 汰 / 林南 / 應 / △南 / 林姑 / 汰 / 林南應 / 南
오른쪽 10열 (가사)	구 / 름 / 도 / 울 / 고 / 넘 / 는 / 울 / 고 / 넘 / 는 / 저 / 산 / 아 / 래

2. 사랑해

ZZ											
湳	사	沖	예	沖	예	湳	얼	潢	당	潢	사
-湳	랑	沖	예	沖	예	-湳	마	-潢	신	-潢	랑
湳淋沖	해	沖	예	沖	예	湳淋沖	나	潢	이	潢	해
		湳淋沖	예예예	沖淋湳	예예예			潢南潢		南潢	
汰	당	汰	예	汰	예	汰	눈	汰	내	汰	당
沖滋	신	汰	예	汰	예	沖滋	물		곁		신
汰	을	汰	예	汰	예	汰	을		을		을
		湳淋沖	예예예	汰滋沖	예예예						
滋	정	汰	예	無	예	滋	흘	汰	떠	汰	정
-滋	말	汰	예	無	예	-滋	렸	-汰	나	-汰	말
滋	로	汰	예	無	예	滋	는	汰	간	汰	로
滋沖淋	사	湳淋沖	예예예	無潢汰	예예예	滋沖淋	지	汰滋沖	뒤	汰滋沖	사
沖	랑	淋	예	潢	예	沖	모	滋	에	滋	랑
	해			潢	예		른				해
				潢	예		다				
ㅂ				潢汰滋	예예예		오				

3. 목포의 눈물

太	움	㴌	별	南	젖	仲	두	△汰	스	㴌	학	太	물	太	사
		- 汰	의	潢無	은	- 姑	에	無南 無㴌	며	- 汰		- 汰	거	- 姑太	
		㴌汰	눈물	南	옷	仲南	새	汰 -	드	㴌 㳞㴌	도	無 南		姑 仲	공
		無南	이냐	無南 無太	자	仲姑 太	악	㴌汰 無	는	汰㴌		林 南無	리	南 無南	의
		△仲	목	南	락	㑣	시	南	데	△ 㳞	파	南	리	仲	뱃
		姑南	포			㑣㒇 南㒇				南汰 㴌	도		면	姑南 仲姑	노
		仲姑 太	의			太				㳞 淋㳞	깊			太	래
		㑣㒇 㑣㒇	설	汰	이	姑 仲	아롱	仲	부	㴌 㳞	이	汰	삼	仲 姑	가

4. 홀로 아리랑

南	손	潢㴌	가	潢㴌	아	姑仲	아	南	독	潢㴌	조	潢㴌	오	姑仲	저
南	잡	㴌	다	㴌	리	南	리	南	도	㴌	그	㴌	늘	南	멀
應	고	㴌	가	㴌	랑	應潢	랑	應	야	㴌	만	㴌	도	南	리
潢	가	潢	힘	潢	고	應	아	潢	간	潢潢	얼	潢潢	거	應潢	동
應	보	應	들	應	개	南	리	應	밤	應	굴	應	센	潢	해
南	자	南	면	南	를	應南	랑	南	에	南	로	南	바	應	바
仲	같	潢㴌	쉬여	潢潢	넘어	仲姑仲	홀	仲	잘	潢㴌	바	潢潢	람	南	다
一姑	이	應南	가	應	가	姑	로	一姑	잤	應南	람	應	불어	應南仲姑仲	외
仲南	가보	仲姑仲	더라	南應	보		아	仲南	느	仲姑仲	맞	南應	오	姑	로
南	자	姑	도	應	자		리	南	냐	姑	으	應	겠		운
							랑				니		지		섬
			〈		〈		〈		〈				〈		〈

홀로 아리랑은 중모리 장단 풍(국악 풍)의 노래이다. 음의 짜임이 중복되어 있어서, 연주하는 데 조금만 연습하면 쉽게 익힐 수 있다고 본다. 공연 곡으로 잘 활용되는 노래이기도 하다.

5. 칠갑산

가사	율보 (위 → 아래)
콩밭 메는 아낙네야	㴌 㴌 㴌 汰 㴌 汰 潢 汰 㴌 潢 無 南 姑
베적삼이 흠뻑 젖는다	姑 林 南 潢 汰 㴌 汰 汰 潢 汰 㴌 △
무슨 설움 그리 많아	㴌 㴌 淋 㴌 淋 㴌 淋 㴌 汰 㴌
포기마다 눈물 심누나	汰 潢 汰 㴌 潢 無 南 姑 潢 無 南 △
홀어머나 두 고 시집가던 날	無 潢 汰 㴌 無 㴌 南 南 南 林 南
칠갑산 마루에	南 潢 汰 㴌 一 淋 㴌 淋 㴌 △
울어주던 산새소리만	㴌 一 淋 㴌 淋 㴌 汰 潢 汰 㴌 潢 無 南 姑
어린 가슴속을 태웠소	姑 林 南 潢 汰 㴌 汰 潢 汰 潢 南 △

칠갑산도 중모리 장단 풍(국악 풍)의 노래로, 대금 연주 애창곡이며 공연무대에서 흔히 들을 수 있는 연주곡이다.

6. 동백 아가씨

각 칸(세로줄)은 오른쪽에서 왼쪽으로, 각 줄 안에서는 위에서 아래로 읽는다. (가사 칸과 그 왼쪽의 율명 칸이 한 짝을 이룬다.)

가사	율명(律名) — 위 → 아래
헤일수없이수많은밤을	姑　仲姑　黃　姑仲　南　潢　潢　潢　潢汰潢　無
내가슴도려내는아픔에겨워	△　南　無　潢　△　仲姑　仲　南　△　俑俑　㒇　黃　㒇
얼마나울었던가	俑　太姑　仲　姑　黃　姑　仲　南
동백아가씨그리움에	無　南　無　潢　潢汰潢無潢　無　汰　汰淋　汰　潢
지쳐서울다지쳐서꽃잎	無　南　仲　無　無潢　南　仲　姑　△　俑　㒇　潢
은빨갛게멍이	姑　△　黃　姑　南　無　潢
들었소	無　姑　無潢　南　南

동백 아가씨는 1964년 가수 이미자가 부른 곡이다. 여기에서 無음을 應으로 대체할 수도 있다. 노래 흐름에서 제 음이 나오게만 하면 된다. 악보 표기상 박을 2배로 늘려 표기해 보았다.

7. 섬마을 선생님

姑	지	潢	울	仲	사	姑	열	黃	각	潢	철	姑	섬	姑	해
				ー南	랑	潢	아	姑							
			엘	南	한	潢	홉	仲				南		仲姑	
潢		沖汰		南無	그	潢	살	南	선	潢	새	無		黃	
無	를	潢	랑	南備僊	이	無姑	섬	無南		潢	따	潢	마		당
		無	가	黃	름	潢	색	潢無	생					姑	
		潢		姑	은	無	시	南		無	라	汰潢	을		화
潢		南	지	仲	총	南	가		님	南		無南		仲	
潢無	마	無潢	를	仲姑	각	無潢	순			仲	찾	無	에	姑	피
南無		南		南	선	無南	정			姑無				南	고
南	오	仲姑	마	無潢	생	仲	을			南	아			無	지
		黃		姑	님	姑	바							潢	
			오	姑	서		쳐			仲	온				는
		姑		仲											
			가							姑					
		仲								仲	총				

이 곡도 공연 등에서 인기 있는 곡이다. 은근히 매력이 있는 곡이다. 가야금 등 여타 악기 독주로 많이 선보이는 곡이기도 하다. 악보 표기상 박을 2배로 늘려 표기해 보았다.

8. 장녹수

太	가	姑	고	汰沖	더	汰淋	여어	太	냐	南	아	仲南	가는
				淋	니							無無	
		備僶	어	沖淋	부	沖沖沖	눈	南無汰	구	南無南	수	南仲姑	세월
		太	이	汰	귀	滋沖	물	汰汰滋	중	仲	많	仲	바람
			타		도		강	沖滋汰	궁		은		
		姑仲	녹	汰滋汰	영	滋沖	건	無南	궐	仲姑	사		타고
		南	수	無	화	無	너	無	처	太	연	南無	흘러
			는		도		서		마	僶	담아		가는
		汰	청	汰汰	구	汰滋	높	滋滋滋	끝에	備僶	가	無	
		無	산	汰	름	汰	은		한	太	는	汰	저
		汰	에	無	인	無	뜻		맺	姑	곳	汰	
		無南	홀	南	양	南	걸		힌	仲南	이어	汰無	구름
		仲姑仲姑	로	仲姑太仲	간곳없	沖淋	었	沖滋	매듭	仲姑太姑	디메	南仲	

　　장녹수 노래도 대금 연주(공연)곡으로 많이 사랑받고 있다. 여기에서 無음 대신 應음도 가능하다. 자신의 연주 특성에 맞는 음을 쓰면 된다고 본다.

9. 안동역에서

아래는 세로쓰기 정간보(오른쪽→왼쪽)로 된 가사와 율명이다. 각 율명 칸은 위에서 아래로 읽으며, 한 칸에 여러 글자가 모이면 함께 적는다.

가사	율명 (오른쪽 칸부터 위→아래)
바람에 날려버린	△ 一無 潗 沖 淋 △滴 淋 沖 潗
허무한 맹세였나	△ 一南 無 潢 潗 汰 潢 無
첫눈이 내리는 날 안동역 앞에서	△ 一潗 潗 潗 △潗沖潗 沖 淋 △沖淋沖 潗 潢 無
만나자고 약속한 사람	△ 潗潗 潢 無 △潢 無 林 仲 姑
새벽부터 오는 눈이	△ 沖沖 沖 沖 △淋淋沖潗
무릎까지 덮는데	△ 南 無 潢 姑 汰 仲 無
안 오는 건지 못 오는 건지	△ 沖沖 沖 沖 △沖沖 沖
오지 않는 사람아	△ 淋 滴 潕 潕 滴 淋 沖
안타까운 내 마음만 녹고 녹는다	△ 淋淋 淋 沖 △潗 潗 沖 淋 △沖沖淋 潗 潢 無
기적소리 끊어진 밤에	△ 無無 無 潗 沖 滴 淋 沖 潗

※ 無음을 應음으로 대체 가능.

제5절 창작곡(산조대금 6관청)

1. 천년학

倂∧ S	황남	林南	姑-南	倂∧ S	황남	ZZ 黃姑		潢	전주곡
∫	南-林	南∧	∫		∨	∨	無
∫	南	∫	∫	黃-俑		南
黃-倂	∫	∫	黃儛倂	姑	黃-俑	姑
太	潢-汰	潢-汰	姑	姑	林
∫	南-林	南	∫	∫	∫
∫	南	∫	∫	∫	∫
∫	∫	∫	太-姑	△	△
姑	南潢	姑林	太	林姑	南 S
--林		林-南	-姑▼	∫	∫
姑		林	姑	∫	∫
南林姑	∨	潢-無	南林姑	黃儛姑▼	潢
南 S	姑	姑	南 S	姑	南 S
∫	∫	∫	∫	∫	∫
∫	∫	∫	∫	∫	∫
∫	∫	∫	♭ △	△	△

※ ♮•**zz**, 반복표(도돌이표)

  점점 여리게

  풀어 내리기

※ 천년학은 임권택 감독의 서편제 영화 주제곡으로 대단한 인기를 받았다. 대금을 배우는 사람들이라면 천년학을 대금 곡으로 많이 연주한다. 천년학은 김수철이 작곡하였다.

※ 여기에는 기초적인 악보만 실었다. 시중에 대금악보는 많이 있다. 대금교습이나 동호회 활동을 통해 많은 악보를 제공받을 수 있다.

제6장

나가며

제6장 나가며

제1절 대금을 배우는 마음자세

1. 서두르지 말 것

대금 배우는 것을 얕잡아 보고 조급하게 서둘러 배우려는 마음을 버려야 한다. 모든 악기가 그렇듯 10년 이상 노력하고 나서 그 결과를 보아야 할 것이다.

2. 남과의 실력 비교 금지

남의 대금 실력과 비교하는 버릇을 버려야 한다. 잘 부는 남의 대금 소리를 의식하다 보면 의욕이 떨어지고 흥미도 잃게 될 것이다. 우선은 내가 내는 대금 소리에 만족하여야 한다. 그리고 연습으로 계속 실력을 닦아 나아가야 할 것이다. 남을 의식할 필요도 없고, 남의 평가에 좌절할 필요도 없다.

3. 양보다는 질

연습할 대금곡을 선택하면서 대개의 경우 이것도 해보고 싶고, 저 것도 해보고 싶은 마음에 많은 곡을 연습하다 보면 나중에 잘하는 곡이 없다. 남 앞에서 실력을 과시할 곡이 없다면 그것도 안타까운 일이다. 한 곡이라도 야무지게 소화해 보아야 할 것이다. 그 결과로 다음 곡들은 더 쉽게 익힐 수 있을 것으로 본다.

4. 대금 탓 안 하기

처음 플라스틱 대금을 하다가 대나무 대금을 하면 잘 불어질 것 같은 마음이 든다. 그래서 저렴한 대나무 대금을 사서 불다 보면 다시 값비싼 대금을 사고 싶다. 또 옆에서 그런 충동질을 하는 사람들이 있다. 좋은 대금을 만나는 것도 기회가 생겨야 하리라고 본다. 우선은 내 실력을 쌓아야 좋은 대금을 고를 수 있다. 지금 가지고 있는 대금을 탓하기 보다는 진정한 내 실력을 연마해야 할 것이다. 대금의 충동구매는 후회를 낳고 또 다른 대금을 생각하게 할 것이다. 또한 값비싼 대금이 좋은 대금이라고 단정하기에는 많은 조건이 따른다.

5. 포기하지 않기

대금 소리가 좋아 선뜩 대금을 배우겠다고 해놓고 많은 수가 중도에 포기하고 만다. 대금을 배우고자 하는 마음이 있다면 포기하지 않겠다는 각오가 필요하다.

6. 본받는 자세

대금을 배울 때는 훌륭한 선생님을 본받든지 잘 부는 동료 등을 관찰하면서 본받는 자세가 필요하다. "모방이 창조의 어머니이다." 란 말이 있다. 명인들의 대금 소리를 잘 듣고 흉내내 보는 과정이 중요하다.

제2절 대금인의 예절

1. 남의 대금을 허락 없이 함부로 만지지 말아야 한다. 소중히 다루는 대금을 만져서 망가지거나 청 등이 상하면 난감할 수밖에 없다.

2. 남의 대금을 허락 없이 불어 보는 것도 하지 않아야 한다. 대금의 취구는 위생적으로 관리되어야 할 부분이다.

3. 남의 대금에 대해 함부로 평가하지 말아야 한다. 듣고 나면 기분이 상할 수 있다. 만약 흠이 있어 일러주어야 할 경우, 기분이 상하지 않게 말해 주어야 한다.

4. 남의 대금 소리에 대해 함부로 평가하면 안 된다. 배우는 입장에서 아직은 발전할 여지가 많다는 것을 잊어서는 안 될 것이다.

5. 물어보지도 않았는데 수시로 귀찮게 가르치려 드는 것도 삼가

야 한다. 배우는 입장에서는 선생님을 통해 지도 받는 게 우선이고, 꼭 필요한 경우에만 동료로부터 도움을 받을 수 있어야 한다. 때로는 기분이 나쁘고 자존심이 상할 수 있다.

6. 대금 공연 등을 할 경우에는 의복 등을 차려입어야 한다.

7. 대금 연주 중 실수나 연주결과에 대해 야유나 욕설 등은 삼가고, 박수나 격려의 말 등으로 응원해 주어야 한다.

제3절 대금연주에 영향을 주는 요인

대금은 분위기에 많은 영향을 받는다. 다음으로 자신의 신체 상태에 따라 그 영향을 받을 수 있다. 대금연주를 하는 데 영향을 주는 요인에 대해 나열해 보았다.

1. 분위기

가. 장소

대금연주 장소는 터진 공간보다 막힌 건물 내부 공간이 좋고, 소음이 없는 곳이 좋다. 에어컨 바람이나 선풍기 바람이 직접 연주자에게 닿지 않도록 하여야 한다. 부는 악기는 바람의 영향을 많이 받기 때문이다.

나. 긴장감

연주자가 고도의 긴장감에 빠지면 연주가 꼬이거나 실수를 유발할 수 있다. 컨디션 조정을 통해 과도한 긴장감이나 불안감을 해소하여야 한다.

다. 관중의 반응

관중의 반응 여부에 따라 연주자의 자신감에 영향을 줄 수 있다.

라. 돌발 상황

대금 공연 중 주변의 어수선한 상황이나 돌발 상황이 조성될 경우에도 실수할 우려가 있다. 눈을 뜨고 관중이나 주변을 의식하기 보다는 때로는 눈을 지그시 감고 연주에 몰두할 필요가 있다.

2. 대금 상태

가. 대금 관리 불량

평상시 대금 관리를 소홀히 하여 대금 내부에 이물질이 있는 경우에는 대금 연주에 지장을 초래할 수 있다.

나. 대금 파손

대금이 깨져서 금이 갔거나 손상을 받은 경우에도 연주에 지장을 준다.

다. 청 상태 불량

대금 연주에 있어 가장 민감한 부분이다. 만약 청이 찢어지거나 건조되어 쭈글쭈글한 상태에 있는 경우에는 연주가 불가능하다. 대금 청의 관리는 연주의 승패를 좌우하게 하는 아주 중요한 요인이 된다. 청 울림이 좋아야 훌륭한 연주가 이루어질 것이다.

극한 상황을 대비해서, 청을 대신할 절연테이프를 준비하기도 한다.

3. 연주자 신체조건

가. 질병

연주자의 신체에 이상이 있거나 입 주변 염증 등의 질병, 입속의 질병 등이 있는 경우에는 연주에 지장을 줄 수 있다. 이가 아프거나 감기 등으로 기침이 나는 경우에도 지장이 있다. 부는 악기는 얼굴이나 머리 부분에 압을 조성하기 때문에 머리가 아프거나 이가 아프면 바로 신경을 건드릴 수 있기 때문이다.

나. 극도로 피곤할 때

몸이 극도로 피곤하면 연주에 지장을 초래할 수 있다.

다. 목이 마를 때

입술이나 입안이 촉촉하지 않으면 대금연주가 어렵다. 사전에 마실 물을 준비하는 등 이에 대비하여야 한다.

라. 음식 섭취

연주 전 배가 너무 부르면 연주 중 숨이 차고, 반면에 배가 너무 고프면 힘이 없어 대금연주를 힘 있게 할 수 없다.

특히 겨울철 등 추울 때에 찬 음료나 찬 음식을 섭취한 후 바로 연주해도 지장을 줄 수 있다.

술을 마시고 연주하면 호흡에 지장을 줄 수 있고, 정신이 혼미해져서 실수의 원인이 될 수 있다. 연주전 음주는 삼가야 한다.

마. 헛생각

대금을 연주하다보면 헛생각으로 음정을 놓치는 등 실수할 염려가 있다. 정신을 집중하여 이를 경계하여야 할 것이다.

4. 기상조건

날씨가 너무 추우면 손가락이 굽어지거나 몸의 떨림이 와서 연주에 지장을 줄 수 있다. 반대로 너무 더우면 땀으로 대금 운지나 몸 상태에 영향을 줄 수 있다. 우기 등 너무 습한 날씨에도 대금연주에 영향을 줄 수 있다. 바람이 심한 야외 연주에도 영향이 있다.

5. 공연(방송) 장비

대금은 다른 악기에 비해 나는 음도 적고 음이 민감한 악기이다. 공연 중 스피커 성능이나 마이크 등의 장비는 매우 중요하다. 장비 성능에 따라 훌륭한 대금연주가 이루어지느냐 아니면 형식적인 공연에 그치느냐의 결과를 가져올 수 있다.

6. 돌발 상황

연주 중 방송 장비 사고나 청중의 돌발 상황 또는 연주자의 실수 등이 발생할 수 있다. 이에 잘 대처하여야 한다.
무대에 오르면 중도 포기는 없다. 실수가 있더라도 잘 마무리하고 내려오는 게 무대 매너이다.

7. 고수에 의탁하는 연주

산조 등을 연주할 때 고수의 장단에 너무 의탁하기 보다는 자신의 페이스를 지켜서 고수가 따라오도록 함이 좋다고 본다. 이 부분은 민감한 사항이기도 하다. 고수에게 너무 의지하면 긴장감 때문에 자칫 박자를 놓칠 수 있다. 평상 시 연습도 중요하지만, 연주자의 박자가 약간 불안해도 고수가 보완해 줄 여지를 주기 위함이다. 연주자가 박자를 무시하거나 박자에 서투른 경우에는 예외이다.

제4절 대금연주를 잘하기 위한 조건

1. 건강한 몸 유지

대금을 연주하는 것은 쉬운 일이 아니다. 부는 악기라 해서 에너지가 적게 소비될 거라는 생각은 잘못된 것이다. 피리나 대금 등의 부는 악기를 놓고 세간에서는 "사람의 기를 빼앗아 가는 악기"라 하여 회피하는 사람들도 있었다. 그 뜻을 두고, 나는 "그만큼 대금연주가 힘들다."라고 말하고 싶다. 따라서 몸이 건강하지 못한 사람은 대금연주 활동이 힘들 거라 생각해본다.

결론적으로 건강하고 몸집이 듬직한 사람이 유리할 것이라고 보는 것이다. 여기에 호흡량까지 크다면 더욱 그 능력은 배가될 것이다.

대금연주자는 평상시에 운동과 충분한 영양식 섭취 및 휴식 등을 통해 건강한 몸을 만들고 유지하기에 노력하여야 한다.

몸이 건강하고 힘이 있어야 멋진 대금연주를 구사驅使할 수 있을 것이다.

2. 컨디션 조절

대금 연주를 앞두고는 충분한 수면 및 정서관리를 통해 컨디션 관리에 최선을 다하여야 한다.

3. 연주 전 대금 점검

연주 전 대금 내부나 청을 잘 살펴보아야 한다. 그리고 입김을 충분히 불어 넣어 두어야 한다. 이를 두고 "입김으로 대금을 푼다."라고 말한다. 가벼운 곡을 연주해 보아도 좋다. 이처럼 사전 준비자세가 아주 중요하다.

4. 연주 중 긴장감 풀기

무대 등에서 연주 중 너무 긴장하면 실수가 일어나거나 충분한 기량을 발휘할 수가 없다. 긴장감을 풀 수 있는 방법을 평상시에 나름대로 연구해 두어야 한다.

충분한 연습으로 자신감을 얻는다면 다소나마 긴장감을 풀 수 있다고 본다.

과도한 긴장감은 호흡조절에 지장을 줄 수 있고, 몸 떨림이나 입마름 현상 등을 가져올 수 있다.

5. 바른 자세 갖추기

자세를 바르게 해야 호흡이 좋아지고 관객 입장에서 보기에도 좋다.

제5절 연주곡 고르기

연주할 곡의 수에 너무 욕심을 내면 이것도 저것도 잘 안 된다. 여러 마리의 토끼를 쫓다 보면 다 놓치고 말 것이다. 처음에는 연주하기 편한 곡부터 골라야 하고, 행사 등에 필요한 곡, 목표가 정해진 곡, 내가 좋아하는 곡 등을 선택할 수 있다. 많은 곡을 섭렵하기 보다는 필요한 곡만을 완전하게 마스터 해가는 게 좋다고 본다. 다음은 곡 선택 후 연습 방법을 순서대로 나열해 보았다.

1. 악보 작업

곡을 선택하면 정간 악보를 만들어야 한다. 요즘은 오선보를 활용해 바로 보는 이들도 있다.

2. 배울 곡목 듣기

배울 곡목이 정해지면 음정이나 박자를 파악하기 위하여 기존의 노래 등을 들어 보아야 한다. 대략 10~100회 정도 충분히 들어 봐야 할 것으로 본다. 산조를 공부하는 사람들은 아예 수 천 번을 듣기도 한다.

3. 지공 연습하기

악보에 따라 구간을 정해 놓고 불면서 지공을 짚어 본다. 처음부터 해당 음정을 완전하게 구사하기는 어렵다. 시간을 두고 악보를 파악해야 한다. 산조에서 연주부호가 많은 경우에는 음정을 파악하는 데 고통이 따른다.

4. 악보 외우기

가요나 창작곡 등은 우선 악보를 외워야 한다. 피나는 노력이 필요할 뿐이다. 산조도 마찬가지이다.

5. 꾸밈음 구사하기

가요 같은 경우에는 자신만의 맛을 내기 위해 꾸밈음을 구사해 볼 수 있다.

6. 음정에 강약 넣기

곡의 흐름에 따라 음정에 강약을 넣어 곡의 맛을 고급스럽게 살려 본다. 여기에 감정까지 실으면 더욱 듣기 좋을 것이다.

7. 녹음해서 들어보기

자신의 대금연주 소리를 휴대폰 등으로 녹음해서 들어보면 어디가 잘못되었는지 파악할 수 있다.

8. 노련미 보이기

노련미를 보이려면 적어도 1,000번 이상 불러 보아야 할 것으로 본다. 피나는 노력으로 나만의 익숙한 작품을 만들어 보아야 할 것이다.

제6절 대금산조류의 선택 의견

대금 산조에 뜻을 두고 공부하는 사람은 대개 가르치는 선생님의 대금산조류에 따르기 마련이다. 현재 대금산조류에는 원장현류, 이생강류, 김동진류, 강백천류, 서용석류, 한범수류, 한주환류 등이 있다. 이외에도 자신의 독창성을 내세워 자신의 이름으로 대금산조류를 계속 만들어 내고 있다. 즉, 여기에 열거되지 않은 다른 유파도 계속 만들어지고 있다는 뜻이다.

대금 산조의 뿌리는 판소리라고 한다. 따라서 어떤 유파가 좋다거나 나쁘다 등의 비평은 피해야 할 것이다.

자신이 배우고자 하는 유파를 공부하려면 여러 유파의 대금산조 가락을 감상해보고 선택하는 것이 최선이 아닌가 생각한다.

대금 산조를 취미로 배우려면 짧은 산조(10~15분 정도 소요)도 괜찮지만, 전문적으로 공부하려면 긴 산조(30~40분 정도 소요)를 공부하는 게 좋다고 본다.

제7절 마무리

대금의 연주는 다른 악기들에 비해 어렵고 힘들다고 한다. 그러나 어떤 경지에 오르면 이 또한 인생을 즐겁게 해주는 악기가 아닌가 생각한다.

이왕에 대금을 선택하였다면 포기 없이 열심히 해보는 것도 인생의 보람이 아니겠는가.

대금을 잘 연주하려면 먼저 자신이 멋있고 예쁘게 소리를 만들어 보겠다는 목표와 도전정신이 있어야 한다고 본다.

자만하면 발전도 없다. 혼자 연습하는 것도 좋지만 주변 동호회에 가입하여 서로 정보도 나누면서 열심히 공부해 보기를 바란다.

마무리 입장에서 대금을 잘 연주할 수 있는 조건을 정리해 본다.

대금 연주는 대금 연주자의 능력만으로 최상의 결과를 얻는 것이 아니다. 여러 가지 조건이 잘 어울려지고 맞아떨어져야 좋은 결과를 기대할 수 있다. 좋은 대금, 건강한 몸 상태, 좋은 컨디션, 무대와 관중의 분위기, 장비 등 여러 조건이 복합적으로 조화를 이룰 때 좋

은 연주 결과가 나오리라고 본다. 조건을 하나씩 나열해 보면 다음
과 같다.

1. 좋은 대금

대금의 재료, 제작기술, 본인의 체질에 맞음 등을 들 수 있다. 좋
은 대금을 만나는 것도 큰 행운이 아닌가 생각한다.

2. 기본적인 지공법

기본적으로 지공법이 잘 훈련되어 있어야 제 음가를 자유자재로
구사할 수 있다고 본다.

3. 기교 습득

기교에는 많은 조건이 따른다.

가. 입바람의 조절 능력
나. 깊은 호흡능력
다. 입술의 움직임
라. 대금 흔들기 기법(농음)
마. 혀 놀림(혀 치기 등)
바. 리듬 타기

4. 충분한 연습

충분한 연습으로 자신감을 가질 때 실수 없이 좋은 연주를 할 수 있다.

5. 몸으로 감정을 표현하는 능력

대금을 소리로만 승부하는 것보다 멋있게 연주하는 모습을 보여주는 것도 능력이라고 본다. 이런 능력이 발휘된다면 연주도 더 잘되고 청중들의 감성을 휘어잡고 말 것이다.

■ 부록 및 참고문헌 등

■ 부록

Ⅰ. 국악기의 분류

1. 제작 재료에 의한 분류

전통적으로 국악기는 제작 재료로 쇠(금金), 돌(석石), 실(사絲), 대나무(죽竹), 바가지(포匏), 흙(토土), 가죽(혁革), 나무(목木)의 재료를 사용하였다. 이러한 8종의 재료를 팔음八音이라고 부른다. 악기를 제작 재료에 따라 금부, 석부, 사부, 죽부, 포부, 토부, 혁부, 목부로 나누어지는 데, 이는 『증보문헌비고』의 분류법에 따른 것이기도 하다.

(1) 금부
금속으로 주조하여 만든 악기를 말하며 여기에는 편종, 특종, 운라, 꽹과리, 징, 방향, 자바라, 나발, 양금 등이 있다.

(2) 석부
돌을 깎아 만든 악기이며, 여기에는 편경, 특경 등이 있다.

(3) 사부
명주실을 꼬아 만든 악기이며. 여기에는 가야금, 거문고, 해금, 아쟁, 대쟁, 슬, 비파, 금, 향비파, 당비파, 월금, 와공후, 수공후, 소공후, 양금 등이 있다.

(4) 죽부

대나무관으로 만든 악기이며, 여기에는 대금, 중금, 소금, 피리(향피리, 당피리, 세피리), 당적, 단소, 퉁소, 지, 약, 적, 소簫 등이 있다.

(5) 포부

바가지로 만든 악기이며, 여기에는 생황 등이 있다.

(6) 토부

흙 등을 구워 만든 악기이며, 여기에는 훈, 나각, 부 등이 있다. 특이하게도 큰 소라 고동으로 만든 소라피리인 〈나각〉도 토부로 분류하고 있다.

(7) 혁부

통에다 가죽을 씌워 만든 악기이며, 여기에는 장구, 북, 좌고, 갈고, 절고, 교방고, 노고, 노도, 뇌고, 뇌도, 영고, 영도, 용고, 운라, 응고, 삭고, 진고, 소고, 중고, 건고 등이 있다.

(8) 목부

나무를 깎아 만든 악기이며, 여기에는 박, 축, 어 등이 있다.

2. 음악의 계통에 의한 분류

『악학궤범』에 의한 분류법이다.

(1) 아악기

특종特鐘, 특경特磬, 편종編鐘, 편경編磬, 건고建鼓, 삭고朔鼓, 응고應鼓, 뇌고雷鼓, 영고靈鼓, 노고路鼓, 뇌도雷鼗, 영도靈鼗, 노도路鼗, 도, 진고晋鼓, 축柷, 어敔, 관管, 약籥, 화和, 생笙, 우竽, 소簫, 적篴, 부缶, 훈塤, 지篪, 금琴, 슬瑟, 독牘, 휘, 조촉, 순錞, 촉, 요鐃, 탁鐲, 응應, 아雅, 상相, 속, 적, 간, 척, 절고節鼓 등이 있다.

■ 특종特鐘
특종은 유율有律 타악기의 하나이며, 금관악기이자 아악기이다. 나무 대에 종 하나를 매달아 채로 친다.

■ 특경特磬
특경은 유율 타악기이며, 석부악기이고 아악기이다. 나무틀에 얇게 깎은 돌을 하나 매달아 채로 친다. 문묘 제례악과 종묘 제례악에서 음악이 그칠 때 쓴다. 틀의 모양과 연주법은 편종과 같다.

■ 편종編鐘
편종은 16개의 종을 상단과 하단에 각각 8개씩 매달아 뿔로 만든 망치로 쳐서 소리를 낸다. 각 종의 크기는 같으나 두께가 조금씩 차

이가 있어 낮은 음과 높은 음 등의 음정[1]을 만든다. 편경과 함께 제
례악, 연례악 등에 널리 쓰인다.

■ 건고建鼓

건고는 무율 타악기이며. 혁부악기이고, 아악기로서 북의 일종이
다. 십자형의 나무받침 위로 기둥을 세우고 그 위에 북을 얹었다.

■ 삭고朔鼓

삭고는 응고應鼓와 더불어 건고建鼓에 부수된 것으로서, 궁중의 조
회朝會와 연향宴享에서 사용되었다. 조선조의 기록에 의하면 삭고는
전정殿廷 헌가軒架에 위치한다. 비교적 긴 북통에 고리를 박고 나무
틀에 매달아 사용하는 이 삭고는 모양은 거의 응고와 비슷하며, 크
기는 응고보다 조금 크다.

■ 응고應鼓

응고는 무율 타악기이며, 혁부악기이고, 아악기이다. 고려 예종
11년에 중국에서 들어온 기록이 있다. 응고는 입고立鼓, 건고建鼓,
비고鼙鼓, 삭고朔鼓와 함께 1116년 송나라에서 들어와 조선말까지
사용되었으나, 지금은 사용되지 않는다. 삭고의 모양과 크기가 거
의 같고 다만 틀 위에 붉은 칠을 한 달 모양을 단 것이 다르다.

■ 뇌고雷鼓, 뇌도雷鼗

---

[1] 음과 음 사이의 상대적 거리를 의미한다.

뇌고는 무율 타악기이며, 혁부악기에 속하고 아악기이다. 한쪽 면만 가죽을 맨 작은 북을 여섯 개 모아 둥글게 붙인 것을 색사유소色絲流蘇를 단 삭고와 같은 틀에 매단 것이 뇌고이다. 길고 작은 양면 북 세 개를 긴 장대에 꿰어 놓고 큰 구슬에 가죽 끈을 달아 흔들어 치는 것이 뇌도이다. 천신天神의 제향祭享인 원단제에 썼으나 지금은 쓰지 않는다.

■ 영고靈鼓

영고는 원뿔 모양으로 생긴 통의 한 면에 가죽을 씌운 북 여덟 개를, 원뿔 꼭지 점 부분을 모아서 틀에 매달았다. 북통은 노란색으로 칠한다. 칠 때는 북 중 한 개를 채로 친다.

■ 영도靈鼗

중국의 전통 악기이며, 국악기에 속하는 타악기이다. 노랗게 칠한 작은 북 네 개를 긴 자루에 꿰어 놓고, 각 북통의 옆면에 매듭지은 가죽 끈을 늘어뜨린 형태이다.

■ 노도路鼗

몸통이 긴 작은북 두 개를 십자형으로 자루에 꿴 것으로, 각 북의 허리 양쪽에 가죽 끈을 매달아 자루를 돌릴 때마다 끈이 북에 부딪쳐 소리를 낸다. 자루 꼭대기에는 활짝 핀 연꽃 위에 나는 새를 앉혔다.

■ 노고路鼓

국악에서 쓰는 아악기의 하나이다. 붉은 칠을 한 긴 북 두 개를 포

개어 가자架子에 건 사면고四面鼓이다. 문묘음악의 매 악절 끝에 두 번씩 쳐서 박자를 맞추며, 인신人神의 제사인 문묘제례악 같은 데에 쓰였다.

■ 진고晉鼓

진고는 무율 타악기이며, 혁부악기이고, 아악기이다. 중국에서 쓰이던 악기로 고려 예종 때 들어왔다. 『악학궤범』에 따르면 진고는 가죽의 지름이 3척 5촌 3푼(약 107cm), 북통의 길이가 5척(약 152cm)이나 되어 북 중에 가장 크며, 절고와 짝을 이룬다. 절고는 등가登歌에 사용되는데 반하여 진고는 문묘제향악, 종묘제향악의 헌가軒架에만 쓰인다. 헌가악의 시작과 끝에 쓰며 절고와 같이 음악의 구절마다 친다. 4개의 기둥에 가름대橫木를 설치한 나무틀에 얹어 놓고 치는 큰북(祭享樂)이다.

■ 절고節鼓

타악기로 조선 초기부터 궁중에서 아악의 등가登歌에 사용하였다. 혁부革部악기이고 타악기 또는 피명악기皮鳴樂器에 속한다. 『악학궤범』에 의하면 북통을 올려놓는 4각의 대臺 중앙에, 적당한 크기의 홈을 파고 그 구멍에 북통의 한 모서리를 집어넣어 북을 고정시켰다. 따라서 북면은 비스듬히 위를 향하게 된다. 그러나 현재는 대 위에 북통을 그냥 올려놓고 옆에서 치도록 되어 있다.

■ 생황笙簧

일명 생笙, 화和, 우竽 또는 이들을 통틀어 생황이라 이름한다. 악기 분류법에 의하면 생황은 포부匏部에 들며, 공명악기空鳴樂器의 일종이다. 대나무로 만든 관대 아래에 금속청(reed)이 있어 숨을 내쉬고 들어 마실 때 하모니카와 같은 원리로 소리가 나게 되어 있다.

■ 운라雲鑼

열 개의 작은 구리(놋쇠)접시로 된 징을 나무틀에 매달아서 만든다. 나무망치로 쳐서 연주한다.

■ 편경編磬

편경은 2층(상단과 하단)의 걸이에 각각 8개의 'ㄱ'자 모양의 돌을 매달아 만든 악기이다. 채는 뿔망치를 사용한다. 돌의 두께가 두꺼울수록 높은 음이 난다. 맑은 소리가 나는 것이 특징이다.

■ 슬瑟

앞면은 오동나무, 뒷면은 엄나무(牙木)으로 되어 있고, 악학궤범에 의하면 길이는 일곱 자(약 210cm), 넓이는 여덟 치(약 27cm)로 상당히 체제가 크다. 15현, 19현, 23현, 28현, 36현, 45현, 50현 등 다양한 종류가 문헌에 보이나 현재까지 한국에 전해지는 슬은 25현이 유일하다. 한 가운데의 제13현은 붉은 색으로 물들여 놓았으며, 이를 〈윤현〉이라고 칭하며 사용하지 않았다. 윤현을 중심으로 아래쪽은 본율 12현, 위쪽(몸 쪽)은 청률 12현으로 나눈다. 슬과 관련하여 예로부터 '금슬상화琴瑟相和'라는 말이 생겨났으며, 이는 금琴과 함께 연주됨으로써 서로 조화를 이룬다는 뜻이다.

■ 금琴

금을 고금古琴 또는 칠현금七絃琴이라고도 부르며 중국의 전통악기이다. 칠현금이란 줄이 7줄이라는 뜻에서 생겨났다고 한다. 오동나무와 밤나무를 앞뒤로 붙여 만든 울림통에 줄 7개를 걸었다. 현은 7개가 있는데 현을 따로 기러기발로 받치지 않고 대신 복판 한 쪽에 흰 조개껍질로 만든 지판 13개를 표시하고 그 자리를 왼손으로 짚어 소리 낸다. 악기를 바닥이나 책상 등에 올려놓고, 휘 박은 곳을 손으로 짚으면서 현을 뜯으며 연주한다.

■ 축柷

축은 아악의 팔음 중 목부木部에 드는 타악기이다. 사각의 형태로 나무 절구통처럼 생긴 독특한 모양을 가지고 있다. 네모진 나무 상자 위판에 구멍을 뚫고 그 구멍에 나무 방망이(채)를 세워 상자 밑바닥을 내려치는데 축은 아악 연주의 시작을 알리는 역할을 한다. 상자는 바닥 면이 좁고 위가 약간 넓은 사다리꼴 모양의 육면체이며, 방대라고 하는 받침대 위에 올려놓고 친다.

■ 소簫

소는 관악기의 하나이며. 죽부악기이고, 아악기이다. 16개의 가는 대나무에 각각 취구를 만들고 길이대로 차례로 묶어 놓고 분다. 가는 해죽海竹으로 된 대나무관을 길이 1자 4치쯤 되게 하여, 16개를 나무로 된 봉황鳳凰형 틀에 일렬로 얹어 놓는다. 관대마다 취구를 만들고, 관대의 밑을 밀로 길고 짧게 막아서 음의 높이를 조절해 놓았다. 틀을 양손에 쥐어들고 입으로 관 하나하나를 찾아 단소와 같은 방법으로 부는 악기이다. 서양의 팬플룻에 비유할 수 있다.

■ 훈塤

훈은 중국 고대 악기로, 고려 예종 때부터 연주된 관악기의 일종
이다. 흙을 구워 만드는 주먹만 한 둥근 관악기로, 동양 판 오카리나
이다.

■ 부缶

부는 무율 타악기이며. 토부악기, 몸 울림악기, 아악기로 분류된
다. 진흙으로 구운 질화로 모양의 그릇에 대나무를 9갈래로 갈라 만
든 〈견죽〉이라는 채로 쳐서 소리를 낸다. 문묘제례악에 쓰이는 매
우 보기 드문 악기이다. 중국에서 상고시대부터 쓰던 악기로 우리
나라에는 언제 들어왔는지 모르나 조선 세종 때 박연이 전에 있던
것을 바로 잡은 기록이 있다. 예전에는 각각 여러 음을 내는 제도가
있었으나 지금은 한 개만 쓰며 음높이에 관여하지 않는다.

■ 지篪

삼국시대부터 등장한 관악기로, 새의 부리처럼 돌출된 형태의 취
구가 특징적이다. 오늘날까지 전승되고 있는 지는 고려 시대에 중
국 송宋나라에서 전래 된 것이며, 유입 직후부터 제례악을 연주하는
데 사용되었다. 고려시대뿐 아니라 조선시대를 거쳐 현재에 이르기
까지 궁중 행사에 수반되었던 아악 연주에 활용되고 있다. 지는 예
로부터 훈塤/塤과 함께 형제애를 상징하는 악기로 유명했다. 소금과
비슷하여 높은 음역을 가지고 있다.

■ 어敔

어는 무율 타악기, 목부 악기, 아악기이다. 중국 고대 악기로 우리 나라에는 1116년에 들어왔다. 나무로 된 엎드린 호랑이 모양을 조각하여 등줄기에 27개의 굵은 톱날을 달아서, 대나무를 갈라 만든 견죽甄竹을 손에 들고 머리 쪽에서 꼬리 쪽으로 긁어 소리 낸다. 문묘제례악과 종묘제례악에서는 음악이 끝나는 신호로 쓴다.

■ 관管

관은 관악기의 총칭이거나 지篪와 유사한 6공의 관악기 및 조선 궁중에서 사용되던 관악기를 말한다. 조선 태종대에 아악에서 사용된 관은 두 개의 관을 엮은 쌍관으로 6개의 지공을 가지고 있으며, 관의 윗부분으로 김을 넣어 소리를 낸다.

■ 약籥

약은 세로로 부는 전통 관악기이다. 아악雅樂에 사용되며 죽부竹部악기고 공명악기共鳴樂器이다. 굵은 대에 구멍을 뚫어 세로로 부는 악기이며, 문묘제례악에만 쓰이는 보기 드문 악기이다. 고대 중국 악기로서 우리나라에는 고려 예종 때 들어왔다. 황죽으로 만들었으며, 지공이 셋밖에 없는데, 12율을 연주하므로 구멍의 반을 여는 어려운 주법을 쓴다.

■ 적篴

적은 세로로 부는 전통 관악기이고, 죽부악기이며, 아악기이다.

지공은 뒤에 하나, 앞에 다섯 개가 있다. 12율 4청성을 낸다.

■ 독牘

독은 아악 일무 중 무무武舞의 박자를 맞추기 위해 무기舞器로 사용한 대나무로 만든 긴 원통 모양의 타악기이다. 조선 세종조 회례연의 헌가軒架 악대의 경우 독은 48인이 추는 육일무六佾舞의 무무 왼쪽에 위로부터 응應, 아雅, 상相, 독의 순서로 배치되어, 무무 왼편 가장 아래쪽에 위치했다. 대나무로 길게 만들어, 무무를 출 때 북과 함께 땅을 다지듯이 내려쳐 소리를 냈다.

■ 휘麾

아악雅樂에서 음악의 시작과 끝남을 알려주는 의물이다. 일명 훈간暈干이라고도 한다. 길이 7자 정도의 장대에 용머리를 새겨 담고, 하늘로 오르는 용을 그린 넓고 긴 천을 단다. 음악의 시작을 알릴 때에는 들고, 음악이 끝남을 알릴 때에는 누인다.

■ 조촉照燭

조선시대 밤에 이루어지는 제향祭享에서 의식의 신호로 사용되던 등이다. 청사초롱과 같은 모양인데 긴 장대에 붉은 비단 휘장을 둘러 늘어뜨리고, 그 속에 촛불을 켜도록 되어 있다. 종묘제향과 같이 밤에 거행하는 의식에서 주악의 절차를 알리는 신호등 역할을 한다.

■ 순錞

아악 일무 중 무무武舞의 무기舞器로 사용하였다. 철끈을 잡고 흔들어 방울을 울려 연주하는 타악기이다. 다른 이름으로 금순金錞, 순우淳于, 장우將于, 유순蜼錞 등이 있다. 순은 사금四金의 하나로써, 그 기능은 북의 소리를 조화롭게 하는 데 있었다.

■ 탁鐸

고려시대와 조선 전기 아악雅樂에서 쓰였으며, 일명 금탁金鐸, 탁령鐸鈴이라고도 한다. 금부金部악기 또는 체명악기體鳴樂器에 속한다. 자루가 달린 작은 종의 모양을 하고 있다. 흔들어서 소리를 내는 악기이며 절도로 삼았다.

■ 응應

조선 전기 아악에서 쓰였다. 목부木部악기 또는 체명악기體鳴樂器에 속한다.

작은 나무 북의 하나로 바깥은 네모, 안의 구멍은 원형인 긴 통 모양이며, 가운데는 축柷을 본떠 나무방망이가 밑바닥까지 내려져 있고, 치는 법은 축 치는 법에 응한다고 한다.

■ 적篴

적은 세로로 부는 전통 관악기이고. 죽부악기이며, 아악기이다. 대나무에 구멍을 뚫어 세로로 분다. 지공은 뒤에 하나, 앞에 다섯 개가 있다. 12율 4청성을 낸다.

(2) 당악기

방향, 박, 교방고, 월금, 장구, 당비파, 해금, 대쟁, 아쟁, 당적, 당피리, 퉁소, 태평소 등이 있다.

■ 방향方響

방향은 타악기이자 국악기이며 서양악기인 실로폰과 구조나 연주법이 비슷한 악기이다. 편경과 유사한 틀에 실로폰 건반 같이 생긴 작은 철판 16개를 아래 8개, 위 8개를 매달아서 사용한다. 건반은 강한 쇠붙이로 만들고 위편에 구멍을 뚫어 두 단의 횡철橫鐵에 매달았다.

■ 박拍

길이 40cm 정도의 박달나무 판 6개를 사슴 가죽 등의 끈으로 꿰어 아래쪽을 엮어 만든 타악기이다. 두 손으로 양쪽을 잡고 벌려서 동시에 '짝'하고 친다. 대개 음악을 시작하거나 그칠 때 친다. 무용에서는 춤사위가 달라질 때마다 박을 쳐서 지휘를 한다.

■ 교방고敎坊鼓

교방고는 무율타악기이고 혁부악기이며, 당악기이다. 네 발로 된 나무틀 위에 북 가죽이 위로 가도록 걸린 북으로, 북통의 둘레에는 용이 그려져 있다. 본래 당악계 음악에 쓰였으나 오늘날에는 무고舞鼓춤에 쓰인다. 중국 당나라 때 쓰던 악기로 우리나라에는 고려 때 들어왔다. 행악에서는 받침대에 긴 막대기 두 개를 끼우고 그것을 네 사람이 메고 연주자가 걸어가며 연주하였다.

■ 월금月琴

월금은 현악기이다. 다른 이름으로는 완함阮咸, 진비파秦琵琶, 진한자秦漢子라고도 한다. 월금이라는 이름은 복판의 모양이 보름달처럼 둥글기 때문에 붙은 이름이라 한다. 완함이라는 이름은 중국 진晉나라의 죽림칠현 중 완함이란 사람이 이 악기를 잘 탔기에 붙여진 별명이다. 『악학궤범』에 의하면 둥근 몸통에 긴 목을 지녔고 넉 줄로 이루어져 있다.

■ 장구

국악에서 쓰는 타악기의 하나이다. 장구는 오동나무 등을 깎아 만든 허리가 잘록한 통 양쪽을 두 개의 쇠테에 가죽을 매어 줄과 갈고리를 사용해 고정하여 만든다. 왼쪽 가죽은 손바닥이나 궁채로 치고, 오른쪽 가죽은 열채로 쳐서 장단을 연주하는 악기이다.

■ 아쟁牙箏

아쟁은 우리나라 고유 현악기의 하나로 대쟁大箏과 비슷하나 그보다 작은 7현 악기로서, 앞면은 오동나무, 뒷면은 밤나무로 만든다. 형태는 가야금과 비슷한데 주법은 해금과 비슷하다고 할 수 있다. 즉 가야금처럼 퉁기는 게 아니라 해금처럼 현을 개나리나무로 만든 활대로 문질러 연주한다.

■ 대쟁大箏

현재는 악기만 남아 있으며 거의 쓰이지 않는다. 악기 모양은 슬瑟과 비슷하나 조금 작고, 가야금(伽琴)보다는 약간 큰 편이다. 전면은 오동나무, 후면은 밤나무로 만든 긴 통에 명주실을 15줄 얹었다. 제1현이 가장 굵고, 제15현 쪽으로 가면서 점차로 가늘어진다. 연주주법은 가야금과 비슷하다. 탄쟁彈箏 또는 추쟁搊箏이라고도 불렀다.

■ 당비파唐琵琶

일명 사현비파四絃琵琶 또는 곡경비파曲頸琵琶라고 부른다. 악기분류에 의하면 사부악기絲部樂器 또는 현명악기絃鳴樂器이다. 당비파 연주법은 기타를 연주하는 방식과 상당히 유사하다.

■ 당적唐笛

당적은 중국에서 들어왔으며, 청공 없이 취구吹口 한 개에 지공指孔 여섯 개가 있다. 가로로 부는 관악기(橫笛)이다. 현재는 거의 연주되지 않는 악기이다. 소금과 음역대가 비슷하고 형태마저 비슷하여 조선 후기부터는 아예 통합되어 연주되었으나 소금에 묻혀 없어진 비운의 악기다. 전체 길이 및 굵기는 천연 대나무로 만드는 만큼 일정하지 않다.

■ 당피리唐觱篥

『고려사』 악지樂志에 의하면 당피리는 지공指孔이 9개이고, 『세종실록』 권132의 그림에도 9개인데, 그 중 2개는 뒤에 있다. 그러나 『악학궤범』에 의하면 상(上, 즉 仲呂)과 구(句, 즉 蕤賓)의 음은 모두 한 구멍에서 낼 수 있기 때문에 9구멍을 8구멍으로 고쳤다. 그 뒤로 오늘날까지 당피리의 구멍은 향피리와 같이 8개이다. 당피리는 보허자나 낙양춘 등에서 사용된다.

■ 해금奚琴

해금은 국악에서 주로 연주하는 전통 찰현악기擦絃樂器[2]가운데 하나이다. 큰 대나무관에 오동 판을 붙인 긴 대를 달아 두 개의 줄을 통과 대에 매고 말총으로 된 활을 켜는 악기이다.

■ 퉁소洞簫

퉁소는 국악기의 하나이며, 대나무로 만든 관악기이다. 한자 자체의 독음은 '통소'이지만 악기 이름에 한해서 '퉁소'라 읽는다. 한쪽 끝이 막힌 대금과 달리 아래위가 다 뚫려 있다. 생김새에 있어 대금만 한 크기의 단소라고 할 수 있다.

■ 태평소太平簫

태평소는 관악기이자 국악기에 속한다. 호적, 새납, 쇄납嗩吶, 날라리라고도 부른다. 나무로 깎아 만든 관에 구리나 놋쇠 등으로 나팔과 같이 벌어져 있는 〈동팔랑〉을 끼워 만든다. 취구인 금속으로 된 동구銅口에 작은 서(reed)를 끼워 분다. 서는 원래 갈대로 만들지만 요즘에는 5mm 빨대를 사포에 갈아서 만들기도 한다. 따라서 태평소가 목관악기로 분류되기도 한다. 지공은 뒤에 한 개, 앞에 일곱 개로 모두 여덟 구멍이 있다. 총 길이는 한 자가 조금 넘는 35cm 정도다.

---

2) 줄을 활로 마찰시켜 소리를 내는 현악기를 말한다.

(3) 향악기

거문고(현금玄琴), 향비파, 가야금, 대금, 소관자, 풀피리(초적), 향
피리 등이 있다.

■ 거문고

거문고는 긴 몸통에 괘 16개를 놓고, 위에 현(명주실) 6줄을 얹은
구조이다. 현을 술대로 뜯어 연주한다. 몸통은 두 쪽의 나무를 아래
위로 붙여서 만들며, 현이 올라가는 위쪽은 오동나무로 만들고 아
래쪽은 밤나무로 만든다. 몸통의 속은 비어 있어서 울림통 역할을
한다. 괘는 음의 높낮이를 가려주는 받침대인데, 아래쪽부터 머리
쪽으로 올수록 점점 작아진다. 이름은 큰 것부터 1괘, 2괘, 3괘…
등으로 부른다. 괘 하나를 올릴 때마다 음은 한 음씩 높아진다. 현학
금玄鶴琴 또는 현금玄琴이라 부르기도 한다.

■ 향비파

국악기 중 사부絲部에 속하는 현악기이며, 직경비파直頸琵琶. 오현
비파五絃琵琶라고 부르기도 한다. 삼국사기 기록을 보면 신라 때는
가야금, 거문고와 함께 신라삼현으로 되어 있다. 형태는 꺾인 목에
4줄을 가진 당비파와 달리 곧은 목에 5줄로 되어 있다. 향비파는 당
비파와 같이 공명통인 몸통과 지판 역할을 하는 목, 조현 장치인 주
아와 줄 매는 부분, 현絃으로 이루어졌다. 연주할 때는 술대로 현을
퉁겨서 소리를 낸다. 향비파는 거문고처럼 오동나무와 밤나무로 앞
뒤 판을 대고 복판에 대모를 붙여 만든다. 술대는 철남목鐵枏木을 사

용한다.

■ 가야금伽倻琴

우리나라 고유의 현악기로 가야국의 가실왕이 만들었다고 전해진다. 해묵은 오동나무로 길게 공명판을 만들고 그 위에 명주실 12줄을 매었다. 왼손으로 줄을 누르고 오른손가락으로 뜯거나 퉁겨서 연주를 한다.

■ 대금大笒

순수한 우리말로 저 또는 젓대라고도 부른다. 구조에 있어 취구 1개, 천공 1개, 지공 6개, 칠성공 1~2개로 되어 있다. 궁중음악, 민간 풍류음악 등에 널리 두루 쓰인다.

■ 소관자小管子

새의 뼈나 대나무로 만든 관을 가로로 부는 관악기이다.

■ 풀피리

풀피리란 말 그대로 풀 또는 나뭇잎으로 만든 일종의 간이 피리다. 음역도 2옥타브 정도로, 웬만한 음악은 다 소화해 낼 수 있을 정도다. 현대에도 국악인 중 풀피리 연주자가 활동하고 있는데, 동백나무 잎을 비롯하여 은행잎이나 심지어는 상추로도 연주한다.

■ 향피리

당피리와 구분되는 피리의 명칭으로, 신우대로 만든 관대에 7-8

개의 지공을 뚫어 신우대로 만든 겹서(舌)를 꽂아 부는 관악기이다. 향피리는 말 그대로 향악에 편성되는 악기이다. 유초신지곡, 표정만방지곡, 취타 등 대부분의 관현악과 관악합주에 사용된다.

(4) 의물

대각, 소라, 대고, 소고, 대금, 소금 등이 있다.

■ 나각螺角

나각은 소라의 끝을 갈아서 구멍을 뚫어 취구를 만든 다음, 그 취구에 입을 대고 불어서 소리를 낸다. 바다에서 사는 큰 고둥을 잡아 고둥의 살을 꺼내고 〈나각〉을 만든다. 가장 으뜸으로 치는 고둥의 종류는 나팔고둥이다. 우리나라에서 나팔고둥은 현재 보호종으로 지정되어 국산 나팔고둥을 사용해 나각을 만들 수 없기 때문에 수입산 나팔고둥이나 소라 류 등 다른 종류의 고둥을 쓴다. 나팔고둥이 보호종이라 포획할 수 없으므로 자연사한 나팔고둥을 쓰기도 한다. 나각을 〈나〉라고 부르기도 한다. 나각에서 나오는 소리의 음높이는 재료가 되는 소라의 크기에 따라 달라진다. 나각은 바른 자세로 서서 오른손으로 소라의 벌어진 부분을 위쪽으로 향하도록 잡은 다음 취구吹口에 입술을 대고 연주하며, 왼손은 허리에 얹는다. 나각은 오직 하나의 음만을 낼 수 있는데 소라 특유의 낮고 부드러우면서도 우렁찬 음색이 특징적이다. 자연음을 그대로 낼 뿐 연주 상 별다른 기교가 필요하지는 않다.

(5) 무구

무구는 의식무용에서 무용수가 손에 들고 춤추는 용구이다. 여기
에는 아박, 향발, 무고, 동발 등이 있다.

3. 연주법에 따른 분류

연주 방법에 따라 관악기, 현악기, 타악기로 나눌 수 있다.

(1) 관악기

관악기는 입김을 불어 넣어 소리를 내는 악기이다. 대금, 피리, 단
소, 태평소 등이 있다.

■ 단소短簫

단소는 전통 관악기로 세로로 부는 관악기(簫)이다. 음량이 작아
서 대규모 관악합주에는 편성하지 않는다. 주로 줄풍류(실내악)에
편성하고, 노랫소리가 주가 되는 가곡, 가사, 시조의 반주 악기로도
사용한다.

■ 소금小笒

소금은 삼국사기에서 대금, 중금과 함께 신라삼죽이라 하여 대표
적인 향악기로 기록되어 있다. 소금은 길이가 짧아 높은 음역대에
해당하는 관악기이다. 대나무로 만들며, 취구吹口 한 개, 지공指孔,

여섯 개, 음고 조절을 위한 칠성공七星孔 1~2개가 있다. 전통음악과 창작음악에 두루 사용된다.

(2) 현악기

활을 쓰는 악기인 아쟁, 해금 등이 있고, 술대로 튕겨 소리 내는 악기인 거문고가 있다. 퉁겨서 타는 악기인 가야금, 대쟁, 비파가 있다. 채로 쳐서 소리를 내는 악기인 양금 등이 있다.

■ 양금洋琴, 揚琴

양금은 전통 현악기 중의 하나이다. 서양에서 들어 왔다고 해서 '서양금西洋琴'이라 하고, 유럽에서 전래된 철현을 가진 현악기라 하여 '구라철현금歐羅鐵絃琴' 또는 '구라철사금歐羅鐵絲琴'이라고도 한다. 국악기 중에서는 유일하게 쇠줄을 가진 현악기이다. 평형사변형平行四邊形 상자 모양의 오동나무 판으로 짠 통에 주석과 철로 합금한 철사를 한 벌에 4줄씩 하여 14벌 56줄을 얹었다.

(3) 타악기

채나 방망이로 쳐서 소리를 내는 악기로, 전통 악기 중에서 타악기 류가 제일 많다. 여기에는 편종, 편경, 박, 장구, 꽹과리, 징, 좌고, 방향 등을 들 수 있다.

■ 꽹과리

전통 타악기 중 하나이다. 금고, 쇠, 매구, 소금小金, 쟁錚으로 불린다. 꽹과리의 주원료는 구리와 주석이다. 꽹과리는 농악의 리더인 상쇠가 주로 다루는 것으로 소리가 높고 강하여 풍물 연주에 있어 길을 잡아주고 전체음악을 지휘하는 역할을 한다.

■ 징

징은 농악, 무속음악, 불교음악, 종묘제례악 등에 사용하는 쇠로 만든 둥근 형태의 금속 타악기이다. 징은 군영의 신호용 악기였으나 군영 음악의 확산으로 농악이나 무속음악 등의 기층음악에서부터 불교음악, 종묘제례악에 이르기까지 확산되었다. 오늘날 농악과 대취타, 종묘제례악에서는 징이라 하고 무속에서는 대양, 울징 등으로 부르고, 불교에서는 태징, 금고라고 한다. 농악에 있어, 징이 원박을 쳐줌으로써 전체 박자를 잡는다.

■ 좌고座鼓

무율 타악기이자 혁부 악기이며, 나무로 된 틀에 매달아 치는 작은 북이다. 연례악이나 무용음악에 쓰이며 장구와 같이 편성하여 장구의 북편 박拍을 따라 연주한다. 삼현육각三絃六角 편성은 피리 둘, 대금, 해금, 장구, 북 등이 있는데 여기에서 북은 좌고로 치는 것이 일반적인 예이다.

Ⅱ. 국악곡의 분류

1. 정악

가. 정악기악

(1) 제례악
  ① 문묘제례악 – 등가, 헌가
  ② 종묘제례악 – 등가, 헌가

(2) 연례악
  ① 당악 – 보허자, 낙양춘, 본령 등
  ② 향악

  ○ 대풍류 – 수제천, 표정만방 등
  ○ 줄풍류 – 영상회상 등

나 정악성악

(1) 악장 – 문묘제례악, 종묘제례악
(2) 가곡 – 초수, 이수, 삼수, 언락, 태평가 등
(3) 가사 – 수양산가, 권주가, 죽지사 등 12가사
(4) 시조 – 평시조, 지름시조, 남여창 지름시조 등

2. 민속악

가. 민속기악

(1) 산조 – 가야금, 거문고, 대금, 피리, 아쟁 등
(2) 시나위, 살풀이
(3) 각 지방의 농악 등

나. 민속성악

(1) 민요
　① 서도민요 – 신고산 타령, 긴아리, 엮음 수신가 등
　② 경기민요 – 한강수 타령, 양산도, 태평가 등
　③ 남도민요 – 육자배기, 새타령, 농부가, 진도아리랑 등
　④ 동부민요 – 한오백년, 정선아리랑, 강원아리랑 등
　⑤ 제주민요 – 오돌독 등

(2) 병창 – 가야금 병창, 녹음방초, 새타령 등
(3) 판소리 – 춘향가, 심청가, 수궁가, 흥보가, 적벽가 등
(4) 단가 – 만고강산, 강상풍월 등
(5) 잡가 – 유산가, 제비가, 금강산 타령, 곰보타령 등
(6) 입창 – 경기놀량, 경기 앞산타령, 서도놀량 등

다. 의식음악

(1) 불교음악
   ① 염불 – 중국소리, 인도소리
   ② 범패 – 홋소리, 짓소리
   ③ 화청, 회심곡

(2) 무속음악 – 각 지역에 따라 다름

라. 창작음악 – 신곡, 신민요, 신 창작음악

■ 참고문헌

1. 최성남, 『대금 교본』, 1987, 아름출판사

2. 김용욱, 『대금 강습 교본』, 2013, 국악카페 여민락

3. 김혜정, 『대금장 : 인천광역시 무형문화재 9호』, 2014, 민속원

4. 이영섭, 『대금산조』, 2024, 지디자인

5. 원완철, 『한주환 제 원장현류 대금산조』, 2023, 도서출판 무송

6. 조성래, 『대금교본』, 2010, 도서출판 한소리

저자, 전남 영광 상사화축제 공연 모습

■ 저자 수상실적

원장현규 대금산조 지역순회 특별강습 이수(2019, 2025 2회)

무진전국국악대전 기악부문(신인부) 대상
지실초당대향연 관악부문 우수상
담양국악제 기악부문 장려상
제5회 대한민국 창작판소리 기악경연대회(단체) 최우수상

대금

김영성

심금을 울리는
천상의 소리 이런가

고요한 공간을
애수에 젖게 하고

듣는 이의 마음을
애달프게 하여라

천상에서 들려오는 소리에
희로애락이 일어서고

우리네 가슴을
소리로 풀어주니

애달픈 소리를 타고
천상의 세계로
잠시 떠나 볼까나

호수 위에 소리 띄워
그리운 이에게도
들려줄거나

대금의 기초이론

초판 1쇄 발행일　2025년 9월 11일

지은이　　　김영성
펴낸이　　　고미숙
편　집　　　채은유
펴낸곳　　　쏠트라인saltline

신고번호　　제 2024-0000075호
등록번호　　206-96-74796
제 작 처　　04549 서울시 중구 을지로 18길 24-4
　　　　　　31565 충남 아산시 방축로 8
이 메 일　　saltline@hanmail.net

ISBN　　　979-11-92139-82-1 (03670)
값　　　　　15,000원